本书系兰州大学"双一流"建设资金人文社科类
图书出版经费资助

重走与新知

李晓灵　陈新民 ◎著

甘南田野考察日志

中国社会科学出版社

图书在版编目(CIP)数据

重走与新知：甘南田野考察日志/李晓灵,陈新民著. —北京：中国社会科学出版社，2023.10
ISBN 978-7-5227-2363-1

Ⅰ.①重… Ⅱ.①李…②陈… Ⅲ.①甘南藏族自治州—地方史 Ⅳ.①K294.22

中国国家版本馆 CIP 数据核字(2023)第 145122 号

出 版 人	赵剑英
责任编辑	郭晓鸿
特约编辑	杜若佳
责任校对	师敏革
责任印制	戴　宽

出　　版	中国社会科学出版社
社　　址	北京鼓楼西大街甲 158 号
邮　　编	100720
网　　址	http://www.csspw.cn
发 行 部	010-84083685
门 市 部	010-84029450
经　　销	新华书店及其他书店

印　　刷	北京明恒达印务有限公司
装　　订	廊坊市广阳区广增装订厂
版　　次	2023 年 10 月第 1 版
印　　次	2023 年 10 月第 1 次印刷

开　　本	710×1000　1/16
印　　张	17.25
插　　页	2
字　　数	251 千字
定　　价	99.00 元

凡购买中国社会科学出版社图书，如有质量问题请与本社营销中心联系调换
电话：010-84083683
版权所有　侵权必究

目录

序 言 // 1

第一辑 人在甘南(2015) // 1

第二辑 行走甘南(2017) // 37

第三辑 再回甘南(2018) // 129

第四辑 "甘南"续走:一个村庄的故事 // 181

第五辑 甘南的诗意体验 // 227

后 记 // 252

序　言

　　这是自序，第一次为自己写的书作序。

　　书的缘起是范长江，落脚是甘南。范长江我是知道的，甘南却很是陌生。作为一个土生土长的兰州人，参加学院重走西北角活动之前，竟然对甘南几乎一无所知，孤陋寡闻和无知浅薄由此可知。

　　确实，我那时一点儿都不了解甘南，也没有去过甘南。我不知道离兰州不远的地方，有这样一块迥异于兰州的土地，有着不同的风景，不同的语言，不同的生活，那么多藏人祖祖辈辈生活在那里。历史上，许多名人去过那里，美籍奥地利人约瑟夫·洛克（Joseph F. Rock）去过，范长江去过，这块沉默的土地曾经震动过中国和世界。

　　2015年6月我受学院副院长陈新民教授所邀，加入了由张民华院长发起的重走西北角活动，开始了带队行走甘南的活动。这一走仅仅甘南就是三年，三年就有了三篇不算短的札记。我将这三篇札记分别命名为《人在甘南》（2015）、《行走甘南》（2017）和《再回甘南》（2018），这是我和学生一起行走甘南的所见所闻，所思所感。此外，还有续走甘南的成果《"甘南"续走：一个村庄的故事》，以及行走甘南的特殊成果《甘南的诗意体验》。从某种意义看，这也是我们走出象牙塔，迈向田野，将科学研究和课堂教学延伸到社会的尝试。对于行走甘南来说，"田野"既是空间，更是一种方法，它是生产新闻的物质空间，更是探究人类学奥秘，甚至深描民族志的特定方法；"田野"既是反观历史的基石，又是检视现实、认识中国和理解中国的窗口。

然而，藏区是民族研究的重镇，甘南又是焦点之一，各种研究和行走访谈何其之多！我们该如何行走？如何田野？如何书写？

远的不说，云南大学的郭建斌教授和师妹孙信茹教授就是做田野的高手。郭建斌对独龙族影像记录与社会变迁的研究，就是以田野为方法，成就了民族志的归旨。孙信茹以手机甚至照片墙等为媒介，展开了普米族村、哈尼族村和傣族村等的田野深究，开拓了媒介人类学的视野。云南大学的田野和民族志研究遂逐渐成为学界翘楚，令人敬佩。

"田野不止是高晓松歌里唱的那个诗与远方，田野是观察和研究社会的一个空间。研究者们通过在乡村、城市，甚至是网络中的观察来进行研究。"① 这是孙信茹的界定。然而，一切理论在实践中总归不是易事，田野，尤其是甘南的田野，糅杂着新闻生产和历史书写，竟如镜花水月一样缥缈，高不可及。

我是谁？我从哪里来？要到哪里去？这样永恒的哲学追问，在这里似乎却成了我们的注解。

"我是谁"，对于甘南田野考察的我们来说，首先是身份的问题。换言之，我们要以什么身份进入甘南、行走甘南、田野考察甘南？我们的社会角色是老师和学生，而对甘南来说，我们都是汉族人，是具有不同民族身份的异族人，同时我们又都是中华民族的一员，具有民族共同体身份的统一性，是广义的同族人。更为重要的是，我们大多没有去过甘南，不会说藏语，听不懂藏语，不同的语言体系决定了我们是甘南的"异乡人"。但是我们一起生活在中国的国土上，某种意义上又是广义的"同乡人"。我们观看甘南，甘南也观看我们。我们是好奇者、窥探者和期望者，有一双异域的、凝视的眼睛；甘南是承受者、接纳者和生长者，有自在的、坦荡的胸怀。如此复杂的身份交织，使得我们兴奋又困惑。

---

① 付星寰、刘肖琴：《孙信茹做客博雅讲堂讲述"田野中的传播与社会"》，http://news.smu.edu.cn/info/1014/25061.htm。

序 言

梁鸿在《中国在梁庄》一书中说，她不是故乡的启蒙者，她更愿意做一个旁观者，以深深的"忧伤"和"哀痛"，实现写作者和研究者的身份实践，为故乡立传。我想，在甘南的行走和田野考察中，我们要缝合异族和同族、"异乡人"和"同乡人"的身份想象，像范长江一样做新闻的生产者，像洛克一样做土地的探秘者，像更多当代的行走者一样，做时代、民族和国家的建构者。我们将客观地记录，动情地书写，冷静地研究。

我们和甘南不是观看者和被看者，我们是可以交流的同行者，是互相依托的同构者，是一同基于历史和现实的检视者和思考者。

如此，我们终将成为甘南的勾画者、形塑者和传播者。

"我从哪里来"，隐含着关乎本原的哲学追问，具体到我们的甘南行走，它启示的是缘起和动机的问题。

如果说梁鸿的梁庄系列是因着对自身工作和研究的深深质疑，以及对故乡复杂且深沉的情感，熊培云的《一个村庄里的中国》是源于对村庄和世界关系的切切痴迷，还有对土地和灵魂宗教般的膜拜，那么，郭建斌和孙信茹则或许更多基于对少数民族现实和命运的高度关注，以及生活在同一块土地上的血肉联系。

我们的甘南行走源于何种机缘？我想，应该是承继和鉴照。

80多年前范长江进入甘南后，和甘南第十九代土司杨积庆促膝长谈，直至深夜。范长江感受到了杨积庆的思维活跃、求新图变，"颇惊此边陲蛮荒之中，竟有此摩登人物"。与此同时，他也敏锐地看到了杨积庆耽于安乐，以封建和神权维持政统的弊端。范长江以春秋笔法，对杨积庆及其治下的甘南进行了客观、公正和平衡的报道，显示了他对甘南的认知，以及对西北乃至中国命运的深入思考。范长江甘南行所表现出来的新闻职业理想和为国家寻找出路的社会情怀，是他行走中国西北角的特殊遗产，弥足珍贵。而这也是我们重走西北角、行走甘南亟须承继的历史精神。

相形之下，洛克作为一个外来者，他以西方他者的身份进入甘南，探险、科考和人类学研究是他的基本目的。洛克超越了西方人的天然优越感和文化的樊篱,躬身细察甘南的每一个褶皱。他交结杨积庆,周旋于各种势力之间,甚至调解马仲英的回民部属和杨积庆的藏军之间的矛盾,显示出源自西方身份、高超的社会交际能力。他将卓尼版《大藏经》和紫斑牡丹(美国后称之为"洛克牡丹")带到了美国,并著文《在卓尼喇嘛寺院的生活》(Life among the Lamas of Choni)在《国家地理》杂志发表,因之轰动世界。洛克在满足西方特有的东方想象的同时,将甘南以及甘南藏族文化传播到了西方。从此,甘南不仅仅是中国的,也是世界的。

洛克践行了文化使者的使命,他对不同文化的包容和传播,超越国别和民族的胸襟,以及文化至上的世界眼光,将是我们行走甘南、走向世界的文化鉴照。

我们将越过民族和文化的间隔,进入甘南,并和甘南一起面对世界。

"我们要到那里去",这是终结和归宿。行走甘南,我们田野考察的终极是真实。

范长江 1935 年以《大公报》特约通讯员的身份考察西北,行走甘南,其目的就在于向世人展示西北的真实情状,为中国的未来谋出路。范长江的西北通讯之所以轰动中国,就在于真实的采访、真实的书写,被学界誉为"第一次真实、公正、客观地报道了红军长征的行踪和影响"[①]。真实是范长江西北通讯的生命。洛克也是如此,洛克真实地映现了杨积庆开阔的眼界和非凡的才干,翔实地考察了甘南的自然风貌和风土人情,真实科学也是洛克的神谕。也正是因为真实科学,洛克笔下的甘南才会惊艳西方。斗转星移,处身当代,我们该如何呈现真实的甘南,将甘南发展的真实情状、甘南人的真实情感和甘南文化的真实面相传之于受众?

---

① 方汉奇、张之华主编:《中国新闻事业简史》,中国人民大学出版社 1995 年版,第 285 页。

梁鸿在《中国在梁庄》中时刻思考着真实的"限度"。她说,她在冒险塑造一种"真实",那种包含着"活生生的情景,活生生的人和活生生的现实"①的真实。它包括了物理的真实,同时也涵纳了叙述的真实和思想的真实。当然,它也不可避免地带有作者的偏见、立场乃至修辞的误读。梁鸿之意在于启发我们,真实是理想的灯塔,它以光亮驱散雾霾,引导我们寻找真知,我们为之竭尽全力。但它是复杂的,我们可以无限地接近它,却无法占有它,而这恰恰是我们为之上下求索的动力所在。

在甘南,我们要四处走访,精心修辞,用心呈现那种原生态的历史真实、社会真实和思想真实。

然而,所有的这一切,都基于一个现实命题:认识中国。

范长江当年的西北行是为思考中国的命运,为中国寻找出路,洛克则是为了解密中国,联结中国。当代如郭建斌和孙信茹等众多进行田野研究的学者则基于中国发展的现实和逻辑,深掘着直面中国现实的研究议题。可以肯定的是,当下中国面临着前所未有的发展机遇,但也遭遇着无往不在的困难和问题。如何看待机遇与问题并存的中国现实,让世界了解中国,认同中国,是一个我们必须要面对的时代命题。对我们来说,不偏激,不嗟叹,躬身力行,考察现实,认识中国,更是一个极其重要的问题。它关乎铸牢民族共同体意识的主流话语建构,关乎民族复兴和国家现代化的世纪重任。

因之,行走甘南,为认识中国、理解中国寻找证据,这是我们立足现实的终极想象。

有了行走和田野考察的预设,甘南就在我们面前渐次展开。

三次甘南行,我们的队伍由小到大,一共有7位老师和47位学生参加,2017年队伍最为庞大,达25人之多。学生中,研究生和本科生基本参半,性别构成却反映了新闻院校的基本状况——女生占压倒

---

① 梁鸿:《中国在梁庄》,台海出版社2016年版,第314页。

性多数，男生则是绝对少数。值得一说的是，2017年我们甘南组除了兰州大学的学生，还有四川大学、武汉大学、西南大学、湖北大学和香港浸会大学的6名学生，学校构成关涉了近半个中国的区域。同时，队员的专业背景也非常复杂，有新闻学、传播学、广告学、播音、文学、宗教学、药学和中医学，甚至还有草学、机械加工和空乘等专业，实现了大学专业的高覆盖。

三次甘南行，我们前后耗时29天，如果加上后续采访，总共36天，时间不可谓不长。其间，我们老师和学生一同行走，晨讨夜划，找选题，讨论访谈大纲，修改稿件，共同参悟。我们的行走路线由兰州开启，到合作，达夏河，经卓尼，入迭部，最终返回兰州。行程途经临潭、岷县，进出若尔盖草原和碌曲草原。一路之上，拉卜楞寺、九层佛阁和禅定寺神秘壮美，桑科草原、若尔盖草原和碌曲草原美丽动人，铁尺梁和腊子口惊心动魄，扎尕那清纯唯美，这一切都使我们陶醉。

我们进寺院，采访喇嘛；我们造访夏河的桑科村和卓尼的家当村，访谈了藏族牧民和卓尼三格毛的日常生活、经济发展、文化教育以及宗教信仰；我们三次参观卓尼的杨土司纪念馆，追念杨土司和洛克、范长江的历史往事；我们走访甘南的脱贫攻坚、乳业发展、电商现状和藏医变革。虽然时间有限、条件有限，但我们竭尽所能，走过了甘南的城市、村庄、草原和寺院，考察了我们所预设的各种议题。

我们的成果也是丰富多彩的，有新闻稿件、图片新闻和行走札记，也有纪录片、诗歌。其中，甘南乳业系列稿、环境保护系列稿选题好、立意高，设计完善，虽然最终成果和预设尚有距离，甚至距离不小，但对学生来说，也是牛刀初试，收获良多。此外，更多的稿件是深描人物的稿子，甘南许多不同职业、不同身份的人都成为他们深描细究的对象。这些甘南人让我们难以忘怀，是他们让这片土地生长，丰盈。值得一提的是蒋捷的纪录片《尘世的修行》，细腻唯美，以人物的深度描摹，加之日常和信仰的交织，启人深思。李芙蓉的《献给远方的诗》以独特的意象、错落有致的节奏以及深沉的情感，一咏三叹，唱出了对甘南的深深依恋。这些成果通过中甘网、凤凰网、《兰州晨报》等主流媒体以及我的"灵读书"公众号，借助网络传播的神力，传之于四方。当然，我们有相当一部分稿件并没有被采纳刊发，原因是多方面的，但是没有发表的稿件对学生也有不可忽视的意义，它让学生更加深入地考虑新闻与田野的能与不能，进一步追问中国当下的现实。

三年的行走和田野，对我们老师是历练和沉潜，对学生是陶冶和打磨。我们的脚步更加稳健，心智更加成熟，眼光更加敏锐。我们于象牙塔之外，看到了更加广阔的社会，开始更多地考虑宗教性和世俗性、传统性和现代性、民族性和世界性等诸多严肃的问题。

三年的甘南行，也是学术田野的锤炼。重走启发和深化了我的范长江研究，继《新世纪以来范长江研究述评——以"CNKI"（2000—2011）为例》以后，我又发表了《"范长江现象"：中国现代新闻理想的历史隐喻》，对范长江的精神实质有了更多的理解。同行的张维民博士在行走之余，深入田野，开展对藏、回等少数民族文化发展和身份建构的调研，最终获批国家社科基金项目"西北少数民族文化空间中'国人'身份的建构与反馈研究"；葛俊芳博士于行走之间，走进藏族人家，细察藏族家庭佛堂的文化意义，潜心研究，依托其教育部人文社会科学研究青年基金项目"圣物、媒介、艺术：藏族家庭佛堂图像的多重阐释"发表了CSSCI核心期刊学术论文《图像与观看：藏族家庭佛堂图像的人类学考察》《从佛堂到展厅：空间转换下唐卡观看机制的重构》《空间·身体·图像：藏族观看实践中的禁忌研究》，并再次获批年教育部人文社科基金项目。这些都与甘南之行有着深刻联系，某种意义上讲，它们是田野甘南的结晶，也是甘南给我们的丰厚赏赐。

甘南行之后我们继续行走，对我的家乡甘肃省兰州市榆中县城关镇朱家湾村的历史文化和精神链条进行了考察。朱家湾村是一个极其普通的西北村庄，村庄不大，人口也不过几百口之多，但是它是西北乡村的折射和写照。首先是早被发掘的唐代石棺和宋金时期雕砖古墓，它映现了唐宋西北边疆的历史风貌和文化图谱。其中，唐代交河郡夫人慕容仪的墓志铭将高昌国、青海国和大唐乃至玄奘西行的逸事串联起来，以符号和媒介的力量宣告了一段特殊历史的浮沉，也将朱家湾这个普通的村庄绘写在了历史的走廊上。与此相似的是朱家湾宋金时期的雕砖古墓，它是兰州市迄今为止保存最为完好的宋金雕砖古墓。我依然清晰地记得当年围观挖掘现场的情景，墓室精妙绝伦的雕砖，以及墓主人高大的骨骼和头骨上的窟窿，似乎都在昭示着神秘而悠远的历史故事。古墓以超越时空的砖石，企图塑造永恒的精神世界，它们以特殊的媒介符号藏身于朱家湾，沉潜历史。

朱家湾的另外一个重要事象是 60 年的文艺之风。朱家湾从 20 世纪 60 年代到如今的 60 年时间里，以不同的文艺演出展示了中国社会发展的侧影。60 年里，朱家湾从改革开放前以样板戏为主的新戏到改革开放之后的秦腔，再到 21 世纪的秧歌、广场舞，显示了特殊的发展轨迹，进而折射了中国农村 60 年历史变迁的文化链条和社会特征。作为亲历者和见证者，朱家湾 60 年文艺之风，铭刻着我深深的个人情感和这个村庄一代人的集体记忆。通过朱家湾的采访和考察，我们在《兰州晨报》和中国甘肃网等主流媒体上发表了《一个乡村 60 年的"文艺之风"》《高昌国王故居今何在？——榆中朱家湾唐代石棺墓葬访记》等两篇稿件，赢得了媒体和民众的关注和好评。最直接的证据是，2018 年 4 月 26 日，央视《中国影像方志》摄制组因着我们的报道，按图索骥，来到朱家湾进行了纪录片的拍摄。央视的拍摄引起了不小的轰动，上至政府，下到村民百姓，无不为之而鼓舞。国家主流媒体的关注、拍摄和传播使得我们的甘南续走产生了超乎寻常的意义，并引发了强大的传播效果。之后，2021 年，我带队重走西北角榆中线时，再次走访朱家湾，就乡村振兴和村民家风承继作了较为深入的采访，在凤凰网甘肃频道发表了《不明怪病侵袭朱家湾 5 号三个女人为爱接力前行》和《大厨进村"收徒"美食香飘陇原乡村振兴路》两篇稿件，再次夯实了甘南续走的效果。

　　行走甘南的内容是丰富的，成果是不易的，这是我们师生共同努力的结果，是学术研究、课堂教学和社会实践相融合的创造性尝试。本书以此为基础，本质上是一个新闻传播研究者、教学者和践行者的行走札记和田野考察日志，它以甘南为行走空间和田野对象，真实地记录行走和田野的过程与细节，企图推究甘南所折射出来的西北乃至中国的真实景象。它关乎牧场、乡村和城镇，关乎社群、民族、社会和国家。它是真实记录和个体想象的结晶，是情感体验和学术审视的结合，体现了记录、书写、传播和研究的多维融合。

　　"我们"是最大的公约数。"我们"是教师，也是学生；是传者，也是受众。"我们"是众多"我"的组合，"我们"又是个体"我"的归纳和抽象。"我们"是媒介，也是符号。"我们"意味着特定的身份特征，它不同于范长江的记者身份，不同于洛克的探险者和科考者，也不同于一般的田野研究者。"我们"是研究者、教学者和践行者，甚至是类似于公民记者的民间新闻人。"我们"把甘南界定为田野考察点，将甘南预设为同一空间体系的代言，视甘南人为同一民族共同体的投射，我们具有互为容纳的价值认知和体系构建。故此，"我们"是平等、互构和建设的，"我们"致力于发现、记录和传播，"我们"力求客观、真实与思考。"我们"是民族的"我们"，亦是国家的"我们"。"我们"是中国的"我们"，亦是世界的"我们"。

　　鉴于此，本书命名为《重走与新知：甘南田野考察日志》，"甘南田野考察日志"意味着本书的文本内容指向于人类学视角下的甘南田野考察笔记，并且以日志的形式加以呈现。"重走与新知"在于揭示重走西北角的实践特征，以及获取新发现、新认知和新思辨的意义追求。

　　以此为纲，按照行走甘南的时间轴，本书将2015年、2017年和2018年三次甘南行的田野日志和行走札记分别为《人在甘南》《行走甘南》《再回甘南》等三辑，每一辑都以具体时间为标准，真实记录田野和行走的过程和内容。此中，穿插地点和空间的转换，强化对选题和对象的凸显，竭力呈现细节的真实性、生动性和内涵性，以此传达我们的观察和思考。此外，《"甘南"续走：一个村庄的故事》是行走甘南的延展，是对我的家乡朱家湾村的考察，试图以一个村庄的名义呈现我们对西北乃至中国的理解。《甘南的诗意体验》则是我和研究生李芙蓉行走中写的甘南组诗，意欲以诗的书写，表达我们对甘南最柔软、最动情的触摸。

本书的前三辑中，空间的生产是重点之一，《人在甘南》中对合作宗教空间的书写，便是较为深入的思考。合作的宗教体现了藏传佛教、伊斯兰教和汉族佛道的共存并进。其中，藏族寺院在合作市区的边际依山建立，逶迤连绵，恢宏大气，清真寺雄踞市区中心，挺拔伟岸，气势恢宏，而汉族庙院则寄身山顶，高标傲世，遗落世外。这样的空间架构一方面表现了合作复杂的宗教文化构成和关系建构，另一方面似乎也在暗示着中国多元的宗教文化格局。它如此浓缩、如此典型地隐喻着中国宗教文化的自我想象，现实和智慧并存。

与之相似，《人在甘南》中对拉卜楞寺的石头的沉思，《行走甘南》中对拉卜楞寺的僧房的描绘，都以特殊的空间符号呈现，表达了我们对藏族宗教空间的深度思考。

同时，《行走甘南》中对扎尕那鬼斧神工的自然空间书写，将神话传说、自然特征和时代变迁结合在一起，糅杂了洛克、顾颉刚等的历史叙述，使得作为自然杰作的扎尕那俨然成为天上的传说。洮砚是《行走甘南》中的缩略化空间。洮砚来自洮河河底，是卓尼自然锤炼的结晶，但由石头变为精妙绝伦的洮砚，却是匠人巧夺天工、精心雕刻的结果。于是，洮砚便成了属于卓尼的空间生产，花草树木，人物鸟兽，无不汇聚其中。这是民族想象的艺术空间，无不传达着卓尼藏人独特的空间想象和意义生产。

甘南行的空间生产必须要说的是卓尼杨土司纪念馆，它关联着甘南藏人的历史沉淀，也与范长江、洛克紧密相连。在《行走甘南》中，杨土司纪念馆作为人工造就的物化空间，套嵌着关乎杨土司的民族记忆、范长江的家国情怀和洛克的东方想象，它将历史想象、主流规训和现实阐释糅杂在一起，反映了民族、国家和世界的交相建构和跨域对话。

空间生产离不开人的表达，在这三辑中人是空间的灵魂，也是我们深度关注和为之动情的主体。

在甘南，我们访谈了各行各业的人，他们的经历，他们的生活，他们的情感，深深地打动了我们。在这三辑中，我们记述了藏族寺院里的喇嘛和女僧，为爱相守的桑科一家人——索南昂毛一家，质朴勤劳的旦正吉和道吉草一家，负债累累却不坠其志的巴桑大叔，痴迷洮砚、老而弥坚的张建才，向往现代、心系民族的三格毛美少女杨京燕，痴心守护杨土司纪念馆的李办麻老人。此外，还有藏靴店男老板，川菜店女老板，青年旅店老板，藏村留守少妇，牧区乡村医生，藏吧创业青年，唐卡绘画艺人，清真寺的老人，临潭卖大饼的穆斯林小伙子……他们构成了甘南人的群像。当然，还有潜藏于历史中、不可缺失的范长江和洛克。他们是历史的人，也是现实的人；是民族的人，也是国家的人；是真实的人，也是想象的人。他们是符号，也是媒介，甘南因之而富有质感和活力。

在人的访谈和书写之下，就有了甘南民族经济、教育文化、宗教信仰和社群建构等诸多社会议题的关注，就有了甘南乳业发展、藏医发展创新、宗教和谐发展、乡村扶困脱贫、美丽乡村建设、民族服饰传承和区域环境保护等选题的调查研究。诚然，由于时间和条件所限，我们难以得到全面系统的调研结果，但是我们竭尽努力，深入基层，以特殊的视角和书写呈现了我们的观察和思考。

第四辑《"甘南"续走：一个村庄的故事》是甘南行走的空间转移和延续，它以朱家湾村为田野点，将朱家湾的60年文艺演出历史、唐交河郡夫人古墓和宋金时期雕砖古墓作为调研对象，阐释了历史交会中的西北农村真实景观，及其折射出来的现实中国。

藏汉映辉，全面认识中国，是田野考察一个村庄的基本理由。其中，蕴含着我们对土地和故乡的深厚情感。

第五辑《甘南的诗意体验》是行走和田野考察甘南最为独特的地方，我们尝试用动情的诗歌来表达对甘南的情感沉潜。我们不仅用脚步、用声音，也将用心灵为之而咏叹。只有这样，我们的甘南之行才在理性之中显示出灵魂的力量。其中《别了，合作》、《夏河之夜》、《夏河的街道》和《我的尕娘娘》等都渗透了我们对甘南的触摸和想象。

纵观全书，无论是甘南书写，还是甘南续走和诗意体验，都试图用"我"的书写展现"我们"对甘南的田野和思考。全书意在以甘南观中国，以一村现西北，将理性的考察和诗意的体验相结合，凸显"我"和"我们"的追索和思考。

在方法论方面，本书力图展示田野考察的基本规范，将参与式观察法、深度访谈法与学理思辨结合起来，在真实客观的记录中推进学术思考，理性、缜密和辩证是准则。于此之外，本书亦以细节的凸显、情感的渗透和诗意的加入为追求，以便在严肃的科学研究之外，显示出更多人文的温度、想象的空间和言说的质感。

本书从动笔到成书，零零散散，竟有八年之久，乍一想有点不可思议，怅然之余犹觉惴惴不安。我不知道找到了多少，写出了多少，也不知道有多少言不及义和一叶障目。我所不能释怀的依然是意义的追寻。

在美国传播理论家约翰·杜海姆·彼得斯（John Durham Peters）看来，媒介即存有，意即"使他物成为可能的中间之物"。通过媒介，我们可以给"人类的整个境况投入一瞥"——它既是对人类状况的沉思，也是对非人类状况的沉思。按照彼得斯的定义，甘南的山川河流、庙宇殿堂、城镇村落和草原牧场，乃至各色人物都可被视为中间之物，进而成为文明秩序的特定装置——媒介。至于朱家湾的古墓乃至文艺演出，也是中间之物的媒介。甚至作为行走者和田野者的我们，也是流动不居、亦为中间之物的媒介。那么，面对人类万物栖居之地和变化之源的诸般媒介，我们投向世界的一瞥究竟是什么呢？

梁鸿作为一个文学背景的研究者,她写梁庄是想对抗遗忘,为故乡、"我"和故乡的亲人立一个小传,以此展示中国的现状。熊培云写小堡村,是着眼农村,意欲呈现"没有土地,就没有灵魂"的想象,"我的村庄我的国"是神圣的誓词。然而,他们都坠入了乡愁的深渊,梁鸿有感于无处抵达的重返,悲叹"终将离梁庄而去"。熊培云感到了"一种难以启齿的隔膜",感慨故乡作为精神后院的沦陷。华彩的理想和复杂的现实,令人纠结。但是他们最终还是以寻觅、守护灵魂的情怀,表达了对故乡和中国的深切期望。

对甘南的田野考察和书写,我们于兴奋之余也有些许失落,失落于我们无力全然地触摸现实,抵达真实。我们向甘南投去的一瞥,虚浮而浅薄。我们也自愧不能为这片土地和土地上的人做更多的事,但我们既然已经建立起了深刻的联系,共同成为沉思人类境况的中间之物,那么我们必将用沙哑的喉咙为之而歌唱。

荷尔德林说,"人类充满劳绩,但还诗意地栖居于大地之上"。我们无法消除现实的隐痛,但我们可以抚摸大地,勇敢地携手同行。

"这世代没有过去,这些事都要成就。"

是为序。

2020 年 8 月 5 日

第一辑 人在甘南(2015)

行走甘南的每一天,心都有一种鲜活的跳动。

80年前,年仅26岁的范长江单枪匹马,历时十月,行程万余,考察了风云动荡的大西北,有了举世闻名的《中国的西北角》。不尽长江滚滚来,而今迈步从头越。80年后,我们走出书斋,用脚步重新丈量时代交替中的西北山川。

我们的脚步忐忑,我们的呼吸急促,我们兴奋而虔诚。

行走产生价值,田野生产意义。

那么,当下甘南的社会、经济和民族发展到底是怎样的?甘南人的生活、信仰和文化又是怎样的?我们该如何认知和评判?

我们该如何体察?如何倾听?如何书写?

这一切都要靠我们去观察,去访谈,去寻觅。

一 出发兰州

7月22日早晨6点,早早起床,草草洗漱,穿戴上特意买的旅行"装备",然后从黄河家园的家中出发,去兰州汽车南站和"游走甘南组"的队员会合。在路上,我自拍了一张照片,以此存照。宽大的遮阳帽,黄绿相间、色彩鲜艳的防晒服,以及彩色的脖套和墨色的太阳镜,让我多少有了点行者的味道。我喜欢暴走,也喜欢艳丽别致的行者形象。

清晨出发（王晓梅　摄）

　　坐142路公交车到小西湖下车，步行穿过小西湖公园，就到了上西园。晨光温柔而艳丽，洒在上西园清真寺金光闪闪的穹顶上，也洒在熙熙攘攘的人群中。上西园街道两旁几乎都是穆斯林的店铺，大大小小，鳞次栉比。这些商店都不大，货物也还充足，也卖一些穆斯林特有的民族用品，只是找了好几家竟然都没有易拉罐装的饮料，这让我这个"老兰州"也诧异不已。

　　上西园是去汽车南站的必经之地，这是个兰州回汉杂居最为典型的地区之一。大清早，上西园就显示出了特有的拥挤，各种车辆排成了巨大的长龙,你挤我拥,动弹不得。最显眼的是笨重的公交车,它们被裹挟在中间,喇叭低鸣,气喘如牛,踟蹰而行。准备出城到甘南、临夏的私家车则如潮水涌流,大大小小,前挤后拥,左冲右突,喇叭声此起彼伏,不时地有人从车窗内探出头来,焦急地探望。有时,也会有人大声地吆喝几声,但又有什么用呢?最灵活的要数摩托车了,它们无所顾忌地穿行在各种车辆的缝隙之中,或左或右,一会儿如鲤鱼穿波,一会儿似孤狼狂奔,尖厉的发动机轰鸣声令人头昏目眩。一时间,上西园变成了车的洪流,轰鸣声,喇叭声,叫喊声,吆喝声,和着路两旁同样拥挤前行的人群和点点醒目的穆斯林白帽帽,显得异常喧嚣。这里似乎没有交警,没有秩序,有的只是混乱拥挤。

汽车南站合影(学生 摄)

我突然有点恍惚,我是在当下的兰州吗?范长江在《中国的西北角》中曾感慨,"西兰公路之现状,颇难令人满意",人谓西兰公路为"稀烂公路",汽车为"气车"。此时,我仿佛置身于当年范长江来兰州时的境况,同样的喧嚣,同样的混乱,同样的心境。难道这是穿越?

已经在兰州生活了10余年的我,竟然不知道兰州也有这样特殊的一面,仿佛化外世界一般,真是不出门不知道天下路啊。

好不容易突出重围，挤上一辆111路公交车，才算到了汽车南站。约定时间是9点30分，刚好。广场上遇见了几个研究生，她们是娴娴、大洋洋、紫茵、甜甜和玲玲。一阵电话，维民老师和小洋洋、金玉、建秋、白羽几个都陆续聚齐了。我们穿了"重走西北角"的文化衫，围着"重走西北角"的队旗合影，誓师出发。

忠犬护送（李晓灵　摄）

其间，有一条温顺的流浪狗围着我们，跟前跟后。我们照相的时候，它还从容地卧在我们的行李箱包跟前，做义务警戒工作，令人感动。看来兰州有情，临行还有忠犬送别，依依不舍。

二　合作寺院

坐上10点的大巴，车子驶离兰州，向远处的甘南进发，我们的第一站是甘南州的首府合作。随着兰州的远去，路两旁的村镇逐渐松散零落，清真寺却渐次增多，同时，藏族寺庙和经幡也开始出现。这预示着兰州离我们越来越远，合作离我们越来越近。

下午2点多，我们才抵达合作，天有点阴雨，气候也很凉爽。由于没有预定，我们好长时间才找到宾馆。宾馆显然不理想，我和维民住一个标间，其余的9个女生三人住一个标间。三人挤两张床，不爽的感觉是可以想象的。可是几个"女汉子"却豪爽地说："没事，我们三人挤两张床，这样亲热，也能三人一组讨论选题，一举两得。"又要保证走完行程，又要替学生们节约费用，加之学生人数是单数，没有三人间的房间，两人一间怎么安排都不行。怎么办？只有委屈委屈了。行走，就是吃苦受累，谁说不是呢？家里好，可是得不到锻炼，长不了见识，这就是生活。

简单收拾了一下就直扑吃饭的地方，这是一家藏餐吧，装修简朴大方，富有浓郁的民族特色。饭菜端上来的时候，已经将近17点时分。看到饭菜的"女汉子"们一洗刚才疲倦无力的状态，立刻精神焕发，推杯换盏，大吃大喝，饭菜从来没有这么香过。吃到末了，有人突然冒了一句，"我们这到底是午饭，还是晚饭啊？"大家先是一怔，接着便是大笑。

晚上，逛了合作的夜市，吃了羊杂碎和烤肉，"噼里啪啦"的雨也搅黄了我们想象中规模宏大的锅庄舞。第二天，我们才四散开去，行走合作，仔细地端详这座极富民族特色的城市。

"合作"原意是"祖沃""黑错"，意为羚羊出没的地方。合作又称"羚城"，中华人民共和国成立后才改称"合作"，既取藏语谐音，又有民族团结和睦的寓意。合作一直是安多藏区的经济中心，它雄踞青藏高原东南，扼甘、青、川三省咽喉，自古以来是藏汉交流、东进西出和南来北往的著名商贸集散地，更是古代"丝绸南路"上的明珠。

细细看来，合作是一个寺院围拱的城市，宗教以特有的气度，叠印在汉、藏、回交错的民族背景上，显示出北方高原质朴朗健的空间特征。

合作的寺院几乎都是在城市东面的边际上。自西向东，随着城市喧嚣的逐渐退隐，最先看到的是巍峨大气的清真寺。

我们最初进入的便是西山清真寺。

西山清真寺的云彩（李晓灵 摄）

西山清真寺依山而建，被一群高高低低、参差不齐的现代化建筑包围着。其建筑飞檐琉瓦，画梁雕砖，殿堂相接，恢宏轩昂，完全是中国汉族传统的建筑风格。如果不是旁边耸立着同样中式塔顶的宣礼塔，很难看得出这是一个伊斯兰教的清真寺院。西山清真寺台阶前坐满了一排准备敬拜的穆斯林，年老者居多，年轻的较少。他们或低声祷告，或爽朗地笑谈，一副淡然自若的样子。明白我们的来意之后，他们开始热情地给我们介绍西山清真寺的情况，也介绍伊斯兰的教义。"万物非主，唯有安拉"。在他们看来，虔诚、良善和正直是安拉的圣谕。他们到处经营生意，牛肉面、羊羔肉、手抓、烤肉和羊肉面片等美食都是他们的拿手好戏。他们也欢迎大学生来参观他们的清真寺，看他们的古兰经，甚至是净身加入伊斯兰。当我问及他们如何处理和汉族庙院、藏族寺院之间的关系时，他们都大度爽朗地说："虽然信仰不同，但是我们都是合作人，生活在同一块土地上，我们要和睦相处。不管是伊斯兰，还是汉族和藏族，有什么大事的时候，我们都是互相走动的，还要互送贺礼。都是中国人，一家人嘛。"这一点让我们极为震惊，完全超乎我的想象，这可能在兰州都很难做到。在我看来，相敬如宾，敬而远之，也许是不同宗教之间心照不宣的规则，要想互相往来那得需要多大的勇气和智慧啊。"就是因为我们这里民族团结做得好，宗教信仰做得好，我们市的领导都调到中央去了。"说话之间，他们无不透露出自豪的语气。谈到年轻人的状况时，他们神情也多少有点黯淡。他们担忧的和中国所有村镇的情况一样，年轻人好多都去了外地，打工的打工，做生意的做生意。如今，阔大的清真寺里也是老人多，年轻人少。看起来，中国式的宗教和中国式的农村在现代化大潮中都面临着相似的困扰。

西山清真寺（李晓灵　摄）

离西山清真寺不远的地方，就是合作大清真寺。合作大清真寺和西山清真寺一样都面对着宽阔的柏油马路，不同的是，西山清真寺自居于一个丁字路口，而合作大清真寺则置身于一个较为喧嚣的街道一侧。合作大清真寺两座七层的宣礼塔层层相叠，八角微翘，五彩斑斓，直插云霄，如两个武士一样守卫两旁。宣礼塔中间是三层的大殿，同样画檐飞翘，气势雄伟。它也是典型的中式传统建筑，如果不是伊斯兰风格的拱门，也断然看不出是伊斯兰清真寺院。合作大清真寺极富特征的是大殿临街的外墙，它是一个规模宏大的照壁，照壁由制作精美、巧夺天工的合作砖雕构成。合作砖雕是在砖上雕制而成的，或荷花飘香，或葡萄累累，或松柏矗立，或牡丹争艳，气象各异，惟妙惟肖。其构图疏密有致，线条轻盈细腻，刀法精致传神，令人赞叹不已。在合作大清真寺里，我遇到了一个开着小车来做礼拜的中年穆斯林男子，和他聊天时，他也非常开放。他说自己的信仰和工作、社交都能很好交融，因为诚实、善良和正直是做穆斯林人的基本准则。同时，爱自己的工作，爱自己的国家，忠实于自己的信仰，就会活得踏踏实实。看来有句话说得深刻，科学越发达，宗教就越重要。

合作大清真寺（李晓灵　摄）

在清真寺不远处，远远看见山顶的一座小庙。山不高，山脚下就是杂乱的院落。一口气跑到山顶，却发现这是一座汉族的庙院。庙院很小，庙里的殿堂看似是新建的，稀稀落落，好像农家的大堂屋。庙院的门小而精致，挺拔有力，有一些人正在油漆彩绘。站在庙里的扶栏前，放眼望去，合作市区一览无余，尽在眼底。楼群院落中的清真寺屋檐飞翘，瓦色如黛，穹顶金光闪闪，直顶蓝天。视线的尽头，连绵的山峦烟雾缭绕，牧场绵延宽广，牛羊悠然自得。其间经幡飘逸，鲜艳夺目。在那里，依山建筑、气势宏伟的就是藏族寺院。

汉族庙院里有两个女性居士。一个姓马，一个姓王，带着一个天真可爱的小女孩。她们都非常和善，其他的人都去外面做法事了，只留下她们两个居士看庙。她们也感慨，在合作这样的藏区，汉族是绝对的少数，所以汉族的寺庙规模有限，香火也不甚兴旺。她们也说，尽管如此，她们和清真寺、藏族寺庙也都愿意好好相处。如果有什么需要帮忙的，她们都会互相帮助，也会互送贺礼。以往辉煌大气的汉族庙院能够如此躬身下潜，谦卑温良，并和少数民族宗教互通有无，和谐共处，也算是一种难得的境界。

山顶的汉族寺庙（李晓灵　摄）

下了山，跨过笔直宽阔的马路，就到了依山而建的藏族寺庙——合作寺院。合作寺院依山势走向而建，寺院经幡招展，殿堂错落，塔影昭昭，金光四射。整个建筑群山影依稀，天高云淡，逶迤数里，气势夺人，远远望去，竟是一个神秘而又沉静的佛国胜境。这里最著名的也许要数米拉日巴佛阁了。米拉日巴佛阁高有九层，亦称"九层楼"，以最为完备地供奉了藏传佛教各个宗派的佛像而著称。米拉日巴佛阁拔地而起，白云袭顶，金砖雕梁，幡带轻扬，庄严肃穆。

美丽的九层佛阁（李晓灵　摄）

然而，最令我动心的还是寺外连绵不绝的转经筒。我静静地坐在转经筒走廊尽头的石头上，用镜头对准两个柱子之间的固定空间。我想仔细地端详这些拨转经筒的藏族人。

在合作寺院的转经筒走廊内，我看到了那么多默默行走、转动经筒的人们。这是一群怎样的人啊，我用固定的机位记录他们，没有任何添加，音乐不必，文字不必。记录就是记录，简单且原生。影像不撒谎，影像会说话。

转动经筒的藏族老人（李晓灵　摄）

　　我看到了，手拿转经筒步履蹒跚的藏族老爷爷。他的脸就像刀刻的一样，每一道皱纹都是岁月无情的馈赠。他缓缓地走着，嘴里念念有词，粗大笨拙的手转动经筒，一个又一个，直到尽头；我看到了，一个腿脚有病的老奶奶同样蹒跚而行，同样拿着经筒，同样念念有词，同样一个个依次转动经筒。其间，她的袍子掉了下来，我去帮她，她执拗地推开了我的手，然后看了我一眼，继续转了下去；我看到了，穿着牛仔裤的小伙子和穿着华丽藏袍的年轻姑娘，他们脚步轻盈，欢快地转动经筒，羚羊般奔向终点；我也看到了，两个小孩子小鸟一样地嬉笑着，一溜烟似地转将下去。

转经筒的藏族人（李晓灵　摄）

然而，我还是不解，年复一年，这样依次转动的究竟是什么？是苍茫的岁月，还是轮回的命运？谁知道呢，也没有人会问，他们只是这样转下去，一代又一代。

返到合作市区，回首东望，发现合作的宗教世界竟显示出特殊的空间叙事。

喧嚣的合作市区是现代都市文明的象征，是主流政治话语和民族世俗话语的结合。它是合作的主体和未来，凝聚了俗世的滚滚红尘和琐屑人生。而合作的寺院则谨慎地跻身于都市的边缘，保持着它与世俗的特定距离。其间，一条宽大的公路以现代化的符号指代，将汉、回和藏的寺院自然地分为两半。公路的一端连接着急于现代化的藏区民族化都市，一端伸向不可知的外在世界——一个欲望、经济和全球化交织的梦幻世界。值得强调的是，这是进出合作的康庄大道，合作的藏族人、回族人和汉族人从这里走向外部世界，外面的人也从这里进入合作的民族空间。这里也会有交通管制，每当有重要人物出入的时候，这里总会有更多的交警执勤，交通管制限行难以避免。公路的两旁竖立了众多的铁质匾牌，有公交站牌，有交通指示牌，有宣传牌，他们是秩序的隐喻和保证。公路的上方多是些蛛网密布的电线，这些电线来自远方，也因着一根根歪歪斜斜的电杆伸向市区，亦伸向路两旁的寺院世界。电线是现代科技的载体，它以无所不在的强大动力证明了科技对世俗人生和宗教世界的双重穿透。

以公路为界，合作的宗教空间被有效地划开，一边是牧场连绵、山峦起伏、金碧辉煌的藏族寺院，一边是楼宇掩映的回族清真寺院和山顶孤标傲世的汉族庙院。宗教自觉地为现代文明躬身让路，为的是替现代化提供可能的空间，然而宗教并不是绝尘远去，而是紧护左右，尾随而至。它以查缺补漏的方式，构建了现代文明和科学理性的治疗所，也成为现代文明和科学理性扫荡千军之后人类灵魂的休憩园。然而，三者的空间分割并不均衡，而且特征明显。三者中，藏族寺院规模最大，最为辉煌，最为壮观，但也最为神秘。它远离都市，独居山

合作的空间叙事（李晓灵　摄）

坡，显示了藏族以及藏传佛教浓厚的高原文化特征——显著的出世情怀和神秘的文化内蕴。相比之下，清真寺则以一种强烈的入世精神占据了都市的边缘甚至是中心地带，它们顽强地楔入都市无地性的现代化建筑和杂乱无章的民居杂院空间。它们加入世俗，但又倔强地脱俗而出，直插空灵幽远的灵魂世界。西山清真寺雄踞丁字路口，既是一种围堵，又是一种归宿，它表达了企图成为世界一极的精神追求。而合作大清真寺临街而居的格局，则是彻底插入世俗社会，以内部瓦解的方式获得生长的空间。

相形之下，汉族庙院规模最小，建筑最为平淡，一如汉族在合作作为相对少数的存在。汉藏寺庙虽然都在山上，但汉族庙院是在世俗世界簇拥的山顶，而藏族寺院却是落落有致地坐落于山脚和山坡。汉族庙院有大隐隐于市的高妙，藏族寺院有飘然世外、见首不见尾的神秘。同时，与清真寺相比，汉族庙院居于高楼和院落簇拥的山顶，显示的是绝对高蹈的出世境界，而穆斯林清真寺则遗落尘世，是的的确确的入世态度。某种程度上看，汉族庙院甚至是被清真寺和藏族寺院推到了山顶的一隅。不过，汉族庙院既据山顶，则有纵览天下、俯瞰全局的胸怀，对回族清真寺和藏族寺院既是总揽，也是连接，既是隔离，也是融合。某种意义上，它折射着汉族宗教文化的特殊地位。

  如此，合作的宗教空间架构呈现为三足鼎立的格局，同样出世的佛教以神秘的藏族寺院和高蹈的汉族庙院为构成，它用山的凭借，对仗跻身楼群院落、倔强入世的伊斯兰清真寺。另一方面，同样托生于世俗的汉族庙院和伊斯兰清真寺则都直面都市空间，以公路为界，用明达来对仗藏族寺院的神秘莫测。这样，它们错综交叉，三足对立，同时又互为依托。它们以路为界，以山为基，以都市为交叉点，建构了一个山川对立、楼院穿插，同时又出世入世、神秘明达的宗教空间话语体系。它隐喻的是民族与宗教杂陈的文化"九层楼"架构，同时也暗合了"合作"的文化意指。

  这样特殊的宗教空间话语叙事，使人禁不住联想翩然。不过，内心也暗自遗憾，因为这里没有基督教的哥特式建筑，它表明合作依然是一个中国传统的宗教文化空间之典型。

  离开合作前的最后一晚，我们开了一个总结会。学生们感叹预案不足，功课预备不够，心理素质不强，采访计划不周，所以遭遇了一些没有料到的困难，但我却甚是欣慰。能够找到问题，找到失落的原因，也是我们行走的价值。知不足，然后能自反也，这是成长的必然环节。后来，学生也为一人三篇稿件的任务而几近爆棚，又为要在第二个地方重新组合而烦闷。

  在合作，我们要成就互为唇齿、精诚团结的合作精神和团队意识；在合作，我们要以民族和宗教为切入口，观察并记录甘南藏区的社会变革。

  离开合作，回望合作，我又看到了那些静默不语的楼群，看到了那些寂寂绵延的山川，以及同样无言的寺院。我发现它们每一个头顶都有一朵洁白的云彩,每一朵云彩上都有一个透明的神灵。它们的后面是无边无际、高妙深沉的蓝天,难道那里是天国?

三 桑科的藏族女孩

24 日早上,我们开始进发夏河,下午抵达,住进了一个叫"霞客行"的青年旅社。旅社的老板是一个东北人,30 多岁,说话气定神闲。这老板当年也是一个侠客式的人物,从东北跑到首都,因不满朝九晚五的白领生活,遂打起行装,云游天下。最后,他落脚夏河,并俘获了一个当地少女的芳心,自此"改邪归正",安心经营旅社。

既然无法侠客般仗剑云游,又无法像徐霞客一样云游天下,那么,何不专事旅游服务,帮助那些正在行走的"侠客"和"霞客"们?于是就有了"霞客行",名字听起来仿佛豪气在胸,但不免多了些壮志难酬、扼腕击节的惆怅。

夏河确是一个充满想象的地方,单单名字都够人联想起伏的了。夏河,望文生义,曲解一下,何妨看作夏天的长河——炎热难耐的夏天突然出现的一条清凉之河。坐在河边,河水清清,聆风观月,洗发濯足,好不快哉。实际上,夏河得名于大夏河,并没有我想象中那么浪漫的缘起。尽管如此,这也丝毫不影响夏河的浪漫。每到夏天,东部要么骄阳如火,要么狂风暴雨,洪水肆虐,而夏河却是风清气爽,天高云淡。躺在草原上,仰望蓝天,任明净的风吹动长发,多么惬意。或者纵马草原,追风逐云,将凡尘的所有苦恼尽皆抛之脑后,又是多么美妙。每每此时,四面八方的人就纷纷涌向了夏河,金发碧眼者有之,避暑纳凉者有之,拜佛求签者有之,观山赏水者有之,行走四方者有之。夏河一时间变成了避暑的世外桃源,更是沉淀信仰、修葺心灵的圣所,亦是文化汇合的舞台。

在夏河,我们吃了一顿小火锅,然后学生汇报并讨论了各自的选题，民族、宗教、草原和旅游依然是我们的焦点。第二天，娴娴、紫茵和白羽去采访唐卡画师和夏河酒吧，我们其他的人都去了桑科草原。桑科名气不小，但是盛名之下其实难副。桑科的草场退化相当严重，仅仅开放的一点都用作商业开发，那种风吹草低见牛羊式的草原景象完全是想象。站在桑科几乎"谢顶"的草场上，极目远望，总想层峦叠嶂的山峦中应该还有童话。在桑科，我有了一丝惆怅，人进草退，草进人退，难道也是定律？面对自然，人究竟是什么？

桑科草原（李晓灵 摄）

我突然想起了西湖，想起了断桥。未去西湖的时候，听人说过，有人和朋友同去西湖，人过断桥，泛舟西湖，遽然回首，对同行者说："你们回去吧，我不回去了，我就死在这里。"当时深深地为此感动，这句话就像一剂致命毒药，让我病入膏肓。我像坠入情网的恋人，昼思断桥雪，夜醉西湖月。那种欲死欲仙的美景，令人魂飞魄驰。然而及至亲眼看到，却发现西湖不过是一顷需要人工输血的湖水，断桥亦不过是桥面铺着柏油、平淡得让人无法相信的石桥，梦想顿时灰飞烟灭。无须解药，西湖之毒不解自销。从此相信，越是心里美若仙境的地方，越是不要去看。就像人，越是最爱的人，越是不要结合，与其结婚以麻木，莫若终身相离以梦牵。

想象的翅翼美轮美奂，如诗如画，而现实的手掌却总是沟壑纵横，污垢密布。

庆幸的是，我们在桑科遇到了两个小姑娘，一个叫旦正吉，一个叫道吉草，她们告诉了我们有关桑科以及桑科女子的故事。

旦正吉是我们在桑科旁边的新农村遇见的，我们是想去看看桑科的藏族新农村。旦正吉一脸的健康色，大大的眼睛就像桑科的蓝天一样纯净，一个松松垮垮的辫子梳在脑后。当时她正骑在马背上，苍茫的草地留下她一个灵巧的剪影。旦正吉有点害羞，但是眼神里也透露出一股难以掩饰的野性，就像桑科的草原，炽热而明朗。

看见她，我就知道，她就是带我们走进这个藏区新农村的人。

听了我们的来意之后，旦正吉得到了同样在一起牧马的奶奶的同意，和我们一起进村了。有几个男孩子骑着马飞一般掠过我们身旁，策马扬鞭，好不威武。也有人穿着藏袍，骑着摩托经过。摩托扬起尘土，不一会儿就轰鸣着进入了村子。这个新农村规划整齐，房子和院落都很不错，依次排开，还用上了太阳能路灯和太阳灶。

藏村偶遇（李晓灵　摄）

旦正吉的家在新农村的最边上，不一会儿就到了。第一次进藏族人家的院子，一切都非常新奇。旦正吉家的门楼不大，顶上是一个小小的藏传佛教转轮。进了门楼，就是一个不大的院子，藏族的房子都是一体的，宽大的走廊进去是客厅，客厅里其实也很简朴，简单地放了一圈沙发。住房是和卧室相套的，一开门，跨脚就进了旦正吉家的主卧。主卧有一个炕，炕中间竖放着一个红色的长条桌子。《静静的玛尼石》中，藏族人往往会围坐在这个桌子周围，吃饭，喝奶茶。炕前面是一个铁炉子，炉子上还放着一个很大的铁茶壶。这些都是《静静的玛尼石》中经典的场景，但是《静静的玛尼石》中没有的是主卧中的家庭佛堂。家庭佛堂在炕的对面，整个一面墙全是。佛堂是木制的，精雕彩绘，里面供奉着各种不同的藏传佛像，当然，也有现世活佛的照片。

藏族新农村和家庭佛堂（李晓灵　摄）

旦正吉说，她还有一个姐姐，十六七岁就出嫁了，就剩下她和弟弟。每年爸爸妈妈都会去牧场放牧，牧场离家很远，有时候在大山深处，没有办法回家。那时候，弟弟在奶奶家，由奶奶照顾，家里就剩下她一个人。她一个人上学，一个人做饭，一个人睡觉。旁边的女孩子惊愕地问："你个十岁的小姑娘，一个人住在这样大的房子里，不害怕吗？"旦正吉灿烂地笑着，仰着头说："不害怕，我就睡在佛堂的炕上，有佛陪我呢。"藏区的女孩子就像藏区的阳光一样灿烂，健康得让人无法想象。旦正吉还说，她喜欢读书，喜欢英语，她的成绩还不错呢。她说，她要上大学，要工作赚钱养阿爸阿妈。我说："欢迎你来兰大啊。"她说："那太难了，兰大可是好大学呢。"我说："努力嘛，这些姐姐都会帮助你的。"她点着头，开心地笑了。

当我们问起她弟弟的时候,她警惕地回头望了望门口说:"弟弟不是妈妈亲生的。弟弟的爸爸妈妈一起去外面打工,他爸爸被车撞死了。他妈妈和他被爸爸家赶出了家门,他妈妈就抱着他回夏河这里的娘家,半路有病了,都快不行了。妈妈看弟弟可怜,就想收养弟弟,可爸爸有些不同意。爸爸说,我们都已经有两个孩子了,再养一个养不过。妈妈对爸爸说,你看那个孩子多可怜,我们不要他就会饿死的。就这样我爸爸妈妈就收养了弟弟,第二天,弟弟的妈妈就死了。"这个故事令人唏嘘,我们很想见见这个男孩子,但是他去放马了。我一直怀疑那个马背上催马扬鞭的男孩子就是他,但愿他能幸福。我们问旦正吉弟弟是不是知道这些,旦正吉再一次警惕地回头望了望门口说:"弟弟不知道,妈妈也不让他知道。我们都爱他,我们要他健康成长。"有爱的地方就会有幸福,这样质朴的爱就像草原一样广阔而温馨。我想,她们的佛也会感动的。

离开旦正吉家的时候,在门口遇见了旦正吉的奶奶。那是一个典型的藏族阿妈,庄重的藏服,长长的辫子,还有被风霜雕刻过的脸。她热情地和我们打着招呼,用藏语问着我们什么,我们也大声地向她问好。可是,我不知道她在说什么,她也听不懂我们的话。这令我们多少有点失落。

旦正吉还领我们去了她的一个阿姨家,这也是一个普通的家庭,女主人看起来不到30岁,长得很漂亮,秀美的眼睛,矜持的神情。她总是羞涩地笑着。旦正吉通过翻译告诉我们,女主人结婚不久,还没有孩子,丈夫出门打工了,家里只剩下她一个人,她就靠给别人做衣服赚钱。看来她们家里经济不怎么宽裕,所以丈夫只能抛下新婚妻子,远走他乡,打工养家。这好像是现在中国农村最平常不过的景象,所以农村经常就变成了"386199"妇女、孩子和老人的营地,逐渐空虚下去,乡村振兴看来是一个不得不面对的命题。

我们离开的时候,女主人斜倚在她家门楼的墙上,静静地伫立,淡淡地微笑。她望着我们,就那样默默地望着我们,没有招手,也没

藏家女主人（李晓灵　摄）

有再见。当这个画面成为定格，我惊奇地发现，村庄里遇见的几个藏区妇女都是这样一个情状：倚门而立，侧身相望，默然无语。难道我们真的是萨义德笔下艰涩的"他者"？一个外来者，一个闯入者？

我不知道。我突然想起了《寻找智美更登》中的那个藏族姑娘。她是寻找的结果，她将为拍摄而演唱智美更登的故事。这个藏族传说中的故事代代相传，舍身成佛的义举凝聚了藏族人的信仰和美德，难怪电影中的小学生唱着唱着都禁不住潸然泪下。然而，起初这个藏族姑娘是拒绝的，后来才勉强答应唱一次。可是，电影终了的时候也没有听到她的歌唱。

电影中，这个藏族姑娘只是穿着藏青色的藏袍，半裹着脸，露出一双充满迷茫和忧郁的眼睛。她要么无声地坐在车里，要么默默地站在藏青色的高原，站在通向远方笔直的公路上，站在硕大的越野车旁。对她而言，毅然切割了草原的马路和靠急速穿越来实现某种征服的越野车，是出走也是寻找；是转载也是压制。它急切地拥抱，也残酷地割裂，无法分离，亦无法拒绝。

她不能说，因为说普通话的人听不懂她的藏语；她不能听，因为"别人"的普通话她听不懂。她有的就是这一身的藏袍，这神秘的高原，这深不见底的佛国。所以她只能无声地凝望，凝望这些浩荡的现代文明，凝望着她们的世界。

究竟是我们看她，还是她看我们？

在村头，我们看了修得非常漂亮的养老院和学校，路上碰见了道吉草。道吉草也是一个很漂亮的女孩子，十岁多一点，穿着牛仔裤，彩色的上衣，戴着一顶时髦的帽子。她问我："你们在干什么呢？"我说："我们是兰州大学新闻与传播学院的老师和学生，来做社会考察，看看你们这里的藏族新农村。""那你们到我家去看看吧。我们有两个家，一个是旧家，那里很不好；另一个家是新家，就在这里。你们可以住在我们家，我妈妈说的。"道吉草说。"你妈妈在哪儿呢？"我问。"在那儿"，她说，然后回头往墙边一指。我这才看到一个藏族妇女斜坐在墙根，向我们微笑。我们决定去她家，路上也见到了道吉草的阿爸。他骑着摩托，不知怎么回事，后来就不见了。道吉草家的结构和旦正吉家非常相似，也有佛堂，也有佛像。不同的是，道吉草家里修得很漂亮，有电视，有现代化的家具，看来她们家不错。

道吉草把我们让到了她家的主房里，她妈妈给我们端来了酥油茶和油馓子。女孩子们怕喝不惯，都不敢下手。我想，这有什么可怕的，遂抓起油馓子，就着酥油茶吃了起来。别说，越吃越香。这时候，突然发现道吉草的妈妈提着大茶壶蹲在房门外面。我问道吉草："妈妈为什么要蹲着？"道吉草说："家里来了尊贵的客人，自家女人是不能坐的。客人坐在沙发上，自家女人就要蹲在门外。"这让我们在感动之余，也有些愕然。一会儿之后，看见道吉草和女孩子们说着说着就哭了起来，急忙询问其中的缘由。这一问不要紧，又是一个心酸的故事。道吉草说，这房子是奶奶家一个叔叔盖的，她们是借住。那个叔叔就要回来了，她们很快就会被赶走。她还说，爸爸有两个家，爸爸也不要她和妈妈了，她和妈妈都不知道以后的日子怎么过。而且，如果妈妈没有了住处，没有钱，她也就不能上学了。说着说着，道吉草又哭了。这通话让我们一下子不知该说什么好，心里酸酸的，女孩子们遂七嘴八舌地劝着道吉草。道吉草说，因为这个，学校里同学欺负她，老师看不起她。女孩子自然有些义愤，不断地说着一些可以这样那样的话。到现在我们还是不全明白道吉草的话，一个十多岁孩子的表达毕竟不是那么完善，但有一点也许能够肯定，道吉草和她的妈妈正面临着很大的困难。也许就是因为她们是女性，所以就不得不承受不公正的事情。

后来，我们一起鼓励道吉草，让她好好学习，有困难可以给我们打电话，我们可以资助她的学习。她才有点释然，临走，她还一个劲儿地要我们不要走，住在她家里。

之后，我们又去了另一家村口的人家。这家人是做生意的，家里明显要好许多，但主人没有前几家那么热心。

离开新农村的时候，已是明月在天，藏族新农村已经完全笼罩在夜色里，点点灯光就像天上的星星。走在出村的柏油马路上，好长时间，女孩子们都不说话，只是默默地低头走路。我想，她们的内心一定被现实触动，几个藏族女性的生活一定让她们既感慨又惆怅。也许，生活就是这样，就像桑科的天，有蓝天，有白云，也就会有狂风暴雨，然而这就是藏区。祝福她们，就像祝福桑科的每一片草场，每一片云彩。

回来的时候，接到道吉草的电话。道吉草说她们还好，她要跟妈妈去附近的工地，挣钱上学。

四 拉卜楞寺的石头

回到夏河,草草吃了碗羊肉面片后,我们在"霞客行"开了一个简短的采访分享会。去桑科的女孩子们一边感慨今天的桑科故事,一边发愁新闻的操作性和可行性。不一会儿,娴娴几个兴冲冲地冲了进来,说唐卡画师的故事让她们心灵受到涤荡一般,一天都待不够,然后又说酒吧里也有故事。女孩子深切地感到了行走的价值,原来在家里想到的东西,要么用不上,要么发现亮点在另一个地方,思维拐弯了。但是这拐弯却让她们欢喜雀跃,她们知道了书斋和社会的差距,也知道了对新闻传播这个学科来说,社会实践的意义所在。

第二天,娴娴几个准备去桑科,原来去桑科的女孩子准备在夏河县城附近继续寻找新闻。新闻狗名不虚传,哪里都像到处乱嗅的狗,只不过我们找的是新闻。我突然想起了一部电影的名字——《大内密探灵灵狗》,以此命名不知道妥帖不?

后来娴娴几个说,明天早上5点多起床要去拉卜楞寺看清早的法事。我也想去,就约好了一起去。谁想这几个"女汉子"晚上赶稿到了凌晨3点,5点起床自然绝无可能,于是我只能独行。

清晨5点多的夏河街道晨光微现,有人已经在街上走动,早早去拉卜楞的驴友们也已经开始出发了。我按捺不住地喜悦,一个人,天色微亮,皓月当空,古寺悠然,多么美妙的意境。魏晋时期的文人虽然经常面临着专制和死亡的威胁,但他们依然风流自赏,痴心不改。白天太短了,有限的生命太短了,要紧紧抓住时光的身影,及时行乐,享受生命。所以,"昼短苦夜长,何不秉烛游"。相比之下,我只是起了个早,比起魏晋文人,我犹不及。一路上又禁不住想了"天阶夜色凉如水"的诗句,我不是"轻罗小扇扑流萤"的寂寞宫女,我是行者,我要向清晨的拉卜楞进发。

半路上，遇见了一个藏族阿妈，提着一个暖水瓶，背着一个大筐子，筐子里放着一个塑料泡沫做成的箱子。我看见她从清真大饼店的小伙子手里买了一大摞清真大饼，装在后背的大筐子里，然后佝偻着身子，默默地前行。我问她做什么的，她摇摇手，表示听不懂我的话，但是却会一两句汉语。我不会说藏语，但是能听懂她的只言片语。我们就这样奇奇怪怪地交谈着，走向了拉卜楞寺。

晨行的藏族阿妈（李晓灵　摄）

拉卜楞寺其实就在夏河镇的边上，没走几分钟就到了。走到拉卜楞寺宽阔的马路上，天色已经大亮，不少人窸窸窣窣地走着，有藏族人，有汉族人，也有外地来的游客。我看到马路的中间已经有人在磕长头。他们穿着厚厚的衣服，站直身子，双手举过头顶，并且合一，套在手掌上的木板立刻发出清脆悦耳的声音。然后，他们弯腰匍匐，身体着地，完全展开，双手伏地，尽量伸向前方，似乎要以此去触摸心目中的佛国。稍作停顿之后，他们再次站起，走到他们匍匐时手掌尖达到的地方，再次合掌，再次匍匐。他们就这样一步又一步，一步都不能省略地跪向拉卜楞寺，跪向佛陀的灵国。一个愿望，一个祈求，一个天国，就是这样靠身体的丈量去实现的，而极乐世界的菩提莲花，就是这样用合一的身心叩开的。可是高原坚硬厚重的躯体，如何能被感动得渐次柔软，变成佛陀的拈花一笑？

走了一段时间，人渐渐多了起来，人们的脚步也开始快了起来。那些匆匆行走的身影穿行在红色的转经筒之间，就像一条彩色的锦带。

清晨的拉卜楞寺门口（李晓灵　摄）

我看见，一个十二三岁的小男孩也加入了磕长头的队伍。看见我的奇装异服，他停下来看着我，憨憨地笑了笑。我现在还记得金色的晨光洒在他脸上的情景，他的笑脸和晨光一样温暖。再往前走，拉卜楞寺的门口就是拉卜楞寺的代表性建筑——金顶。爬上金顶的顶层，太阳已经露出了脸庞，灿烂而温馨的光芒洒在拉卜楞寺的屋顶上，洒在远处的牧场上，也洒在黛色的山峦上。此刻，拉卜楞慢慢醒来，夏河开始奔腾。

无疑，拉卜楞寺是雄伟而阔大的，佛殿逶迤不绝，经幡迎风飘舞，塔顶金光四射。然而，最令我感动的还是拉卜楞的石头。

拉卜楞寺的晨光（李晓灵　摄）

拉卜楞的石头是拉卜楞的基座，它们来自苍茫的大夏河，河水陶冶了它们的灵性，也雕刻了它们的棱角。它们是灵的，它们是硬的，它们是沉默的。拉卜楞的石头被镶嵌在寺院的基座上，泥浆和水泥浇灌其中，让它们紧紧连为一体，水泥的勾缝又把它们勾画成形状各异的图案和雕刻。如此，它们变成了拉卜楞寺的莲台。它们是形状各异的石头，它们又是没有差别的灵骨。它们是个体的生命，又是不需要个性的永恒存在。

拉卜楞的石头（李晓灵　摄）

我看到，那些匆匆的转寺者围着寺院疾走，在寺院后面的巷道里奔走。他们有的用手轻轻抚摸这些嵌在墙上的石头，有的则轻轻地抱住这些石头，用额头去轻触这些石头。如此，日复一日，年复一年，石头成了他们祈求的日记，有一些石头被磨得乌黑发亮，有的甚至被刻上了藏文，披上了哈达。

我摸着这些石头,那些粗糙的褶皱划过掌心,那些圆融的凸起掠过我的手指。坚硬的石头开始有了肌肉的弹性,那些或隐或显的纹理慢慢地有了阳光的温度。我不知道,佛如何点化了这些不是生灵的生灵。

当拉卜楞的风吹过,当寺院的梵音响起,拉卜楞的石头依然沉默——千古江山,万世情缘,你这拉卜楞的石头!

追念着这些石头,我一个人走遍了拉卜楞寺的每一个角落,看过了拉卜楞的每一座佛像,我的脚步踏实,我的灵魂轻盈。

如果离开夏河,我想拿走一块拉卜楞的石头,一块被磨得乌黑的石头。

在拉卜楞寺里,我还看到了扎着彩色头巾的老外,戴着太阳镜,穿着牛仔裤,脚步轻快,步履如飞。我还看到一个年轻的喇嘛穿着褐色的藏袍,一手拿着iPad,一手手搭凉棚,望着天上的云彩。他的身后,是一个褐色的门楼,又窄又矮,油漆斑驳。

拉卜楞寺侧影(李晓灵 摄)

在拉卜楞寺里,我也遇到了三个要钱的"行者"。当我表示我没有零钱的时候,原来支支吾吾不能说汉话的藏族妇女突然开口说,"你可以把整钱给我,我给你透开(换开)"。最后,我给了她十块,她拿去了,给另外两个一人两块,自己拿了六块。旁边原来似乎不能说汉语的妇女顿时不平,操着一口流利的河南口语,向她的丈夫抱怨,"太奸猾了,她六块,给我们才给两块"。

五　卓尼的杨土司

26日,我们离开夏河,再次折回合作。在合作,我们去了甘肃民族师范学院,就是原来的合作师专。时间已经是快12点了,太阳正晒得厉害,一群女孩子早已经蔫了,一步都不想再动。无奈,只有我和维民老师一起转转了。甘南民族师范学院原来是个非常美丽的校园,学校建筑略带藏族风格,其间亭台楼阁,湖水映天,流云如飞。学校的背后是一个山坡,金灿灿的油菜花像一条黄色的彩带,和着洁白的哈达和红色的经幡,镶嵌在绿色的牧场上,宛如一幅巧夺天工的油画。可不要小瞧这学校,它们有了书院,开始实行小学期,思维挺前卫啊。后来和维民开玩笑,调我来这里吧,过这种桃源仙境般的生活,何其惬意!

后来我们在学校门口吃了一碗羊肉面片,坐上大巴,由合作继续向卓尼进发。

车行数个小时,我们到达了卓尼。走出卓尼长途汽车站,突入眼帘的是一长串成队排列的红色小轿车,看着不像是简单的停放。一打听,原来是卓尼公交车在集体停运。卓尼没有大巴式的公交车,红色的小轿车就是政府运营的县城公交,而绿色的小轿车则是出租车公司运营的出租车。虽然性质不一样,但是它们的收费都一样,可以拼车,一个人两块钱,也算是非常便宜了。此外,还有大量左冲右突的小三轮车,私人运营,价格可多可少。它们实行的是群狼战术,靠着车多一下子抢走了公交车的客人。这样，政府运营的、公共性质的红色出租车，和公司经营、商业运作的绿色出租车，以及个体运营、杂乱无序的三轮车之间就产生了利益的纠葛和冲突。公交车赚钱困难，于是就集体停运。据说，已经持续了好长时间了，也没有找到好的解决办法。这和合作有点相似，合作的出租车公交化，卓尼的公交车却是完全化身为出租车，只不过是颜色和管理不同，矛盾就此产生。

学生们没有想到，一下车，新闻就毫无预兆地扑入怀中了。

卓尼街景（李晓灵　摄）

找到预定的宾馆，走到饭馆里的时候，又是下午5点10分了。第二天一早我们去了大峪沟，下午自由采访。

对于卓尼来说，也许耳熟能详的就是卓尼土司杨积庆的故事了。杨积庆的纪念馆在离宾馆不远的地方，我们去的时候纪念馆已经关门了。无奈，只得央求看门的藏族阿爸网开一面，给我们开门，让我们看看。看门的阿爸非常豪爽，替我们开了门，还陪我们一起参观，义务讲解。

1935年，北上抗日的中国工农红军长征到达甘南地区。手握两万藏兵的卓尼土司杨积庆审时度势，借道让行，开仓放粮，接济红军，并协助红军通过了腊子口天险。杨积庆在历史的节点深明大义，帮助红军渡过了难关，自己一家七口却因此在两年后被军阀鲁大昌杀害，史称"博峪事变"。所幸,八岁的次子杨复兴免于屠戮,之后继承了土司之位。杨复兴于1949年9月率部起义,次年宣布废除土司制度。自此,杨家两代土司完成了特殊的历史使命,成就了一段历史佳话。

杨积庆和杨复兴(网图)

　　在纪念馆里,特别引人注目的是两张照片。其中,一张照片是杨积庆的照片,它是把两张照片合在了一起,重新摄制而成。合在一起的这张照片中,一张是站立相,一张是坐相,同样的英姿飒爽。心里不免感叹,没有想到当年的杨积庆如此前卫,竟然也喜欢美图秀秀一样的拼图。另一个是8岁的杨复兴的照片,一身戎装,佩剑在身,虎虎生威,嘴角似乎蕴藏着巨大的仇恨。两张照片,两代土司,凝固的是几代藏族人的生死离合。它就像一个巨大的雕塑,深深地镶嵌在卓尼的历史里。如今,时光流逝,风云流变,青山依旧在,几度夕阳红。

　　值得一提的是,说起杨土司两代人,范长江不得不提。也正是范长江当年独闯西北角,才向世人宣告了卓尼藏区不为人知的真实情状,两代土司也成为卓尼藏区历史命运的代言。某种意义上说,范长江于此功莫大焉。

在卓尼，我们还看到了喇嘛组队参加的篮球对抗赛，看到了穿着卓尼所独有的民族服装的藏族妇女。

卓尼一角（李晓灵　摄）

六　迭部扎尕那

28日，我们决计离开卓尼，去往迭部——我们"游走甘南"的最后一站。最初，我们也动过包车的念头，但是最后还是放弃了，总觉得国营的公交车还是比较安全。一大早，我们就坐上了一辆小型客车，途经岷县，然后换乘迭部的车子。迭部路途遥远，令人望而生畏，加之天气炎热，车子空间狭小，有一段时间几乎窒息。尤其是去岷县的路更不好走，一路道路拥挤，尘土飞扬，颠簸不堪。而岷县到迭部的车程则足以用惊心动魄来形容。铁尺梁道路狭窄，只能容得下两辆车子的样子。若要遇到其他车子，就必须要找较为宽阔的地方停车，非常小心地错车，才能过得去。这些山路蜿蜒崎岖，盘山而上，绕山而下，一边是直插云霄的峭壁，一边就是深不见底的悬崖。坐在车子上，乍一看，自己已经在万丈深谷的边缘，稍有不慎就会车毁人亡，每一次下坡转弯都心惊肉跳。我和维民说，真是担心啊！我们不足惜，只是我们还带着9个学生,她们可是花季少女,祖国的花朵啊。万一有事,我们没有办法向学校交差,想想都后怕。好在有惊无险,我们终于下了铁尺梁,过了天险腊子口,最后抵达了迭部。

迭部位于甘川交界处,置身于白龙江上游的高山峡谷地带。迭部古称"叠州",藏语谓之"大拇指",意思是山神"摁"开的地方,足见其险要。迭部县城不大,但是很有特色,尤其是县政府大楼及其广场恢宏大气,令人惊叹。这和卓尼有点相似。在某种程度上讲,卓尼和迭部的县政府大楼的气派程度都超过了兰州市政府大楼,不知何故。问当地人,是不是藏区经济发达的缘故,当地人多不解地摇头。

当然,迭部也有和卓尼一样独有的民族服装,看起来非常精美。

迭部的藏族妇女(李晓灵 摄)

在迭部,我们住进了一家藏人开的酒店,酒店很新,有三人间。"游走甘南"组的"女汉子"们第一次拥有了独立睡眠的居住权,第一次一个人睡上了一张床,但这也是最后一次。这让我于欣慰之余也生出一丝遗憾。酒店前台是一个健康大方、美丽得就像藏区的云彩一样的女孩子,老板是一个憨厚实在的藏族汉子。老板一家经营着这个酒店,由于旅游季节短,为了节省开支,老板娘和他们的亲戚做保洁和服务员,老板在西南民族大学读研的女儿假期也来帮忙。他们言谈举止之间都透露出幸福而快乐的神情,藏人勤劳乐观的生活态度令人感动。住下稍事休整之后就快6点了,"女汉子"们已经在大厅Call我们了,饥肠辘辘让她们有了行动的力量。于是,我们在旁边一家不错的餐厅好好犒劳了一下自己。问问选题,"女汉子"们迷茫地笑着。时间太紧张了,她们显然缺乏施展拳脚的空间,一周多时间的颠簸也让她们战斗力大减。"女汉子"们都有点儿疲软,而我的心里早已经在念叨着扎尕那。

第二天早早起床,然后联系车子,直奔扎尕那。令人惊奇的是,开车的司机有一个竟然是穿着红色僧袍的喇嘛。我们和他杀价的时候,他憨憨地笑着,指着僧袍说:"你看看,我能多要钱吗?我是僧人啊,我们藏人不会胡乱要价的。"我问他喇嘛可以开车做生意吗?他说:"我得了脑溢血,住院了,向寺里面请了五年的假,没事就出来拉人散散心,又不是为钱。"

车子跑了一个多小时之后,我们终于见到了扎尕那的真面目。扎尕那四面环山,天蓝得出奇,碧玉一般,云飘在上面就像踱步的精灵。山坡上牧场碧绿宽广,牦牛和马悠闲自得,宛如夜空的星星。旁边是错落有致的藏族村落,互为连接的藏居松松垮垮地倚靠着,偶尔飘起一丝青烟。中间最为显眼的当然是藏族寺庙耀眼的金顶和五彩的经幡了,它们是扎尕那的眼睛,没有它们,扎尕那就像失去灵魂的浮云。

仙境扎尕那(李晓灵 摄)

站在扎尕那,有点儿灵魂出窍的感觉,那些纠缠的烦恼尽皆飘去,身体像被洗涤过一般。我不知道扎尕那来自哪里,我想它决然不在人间,扎尕那是天上飘落的一块玉。

随着山路的弯转,扎尕那渐次展开,山高,水冽,石奇,云轻,

奇秀扎尕那（李晓灵 摄）

一点点，一段段，每一处都让人心动。尤其是一线天，双峰对峙，仅仅一线之隙。置身其间，仰头而望，心跳骤止，禁不住感叹天地造化，鬼斧神工。

在来迭部之前，曾经看过雷达先生的博文《天上的扎尕那》，生出好多的联想。为什么是天上的扎尕那呢？是由天堂坠落，还是美如天境，抑或是本来就远在天际？雷达先生在描写了扎尕那的美景之后，还描述了一个特殊的桥段。雷达先生写到，他在扎尕那突遇内急，但是却苦于找不到可以方便的地方。后来，好不容易才找到一个地方。那是一个在悬崖之上的简易厕所，高而局促，令人心惊。有趣的是，在他胆战心惊地临风方便的时候，一不小心口袋里的手机滑了出来。对雷达先生而言，手机也许不值什么，但是要命的是那手机中有几百个电话号码。那可是他的"身家性命"，是他所有的社会关系，也是他在这个世界上的坐标啊。这一点雷达先生自然明白，眼看着手机已经落到悬崖的石头上，马上就要滑下悬崖。关键时刻，他飞速伸出右手，宛如电光"雷鸣"，刹那间用右手食指一下子死死地摁住了手机，手机这才保住了"性命"。雷达先生自得地写到，他虽没有盖世神功，但是这"一指禅"的功夫还是了得。前些日子还见到雷达先生,身体大不如前的老先生依然怀念扎尕那,依然绘声绘色地讲解他在扎尕那"一指神功定手机"的故事。老先生不但把扎尕那还原到了天上的世界,留下了一段优美的文字,而且还演绎了神话般的插曲。扎尕那也算有幸,如果没有那峭壁上的方便之处,没有偷出雷先生的手机置之于生死的边缘,雷先生以年届七十之躯断然难以上演"一指神功"。看来,自然和人也有机缘之变。自然因人而有灵气,人因自然而超脱。没有人,自然显得孤独。没有自然,人也显得苍白。美的景色和美的文字、美的想象,以及富有想象力的人,都往往是可遇而不可求的。

  以前看过一篇小说,一个年轻人被分配到一个藏区去教学,藏区的厕所在山顶。这让他很不解,每到上厕所,他就痛苦。厕所在一般人眼里应该都是在较为隐蔽的地方,这样如厕就可以无所顾忌,另外也可以显出含蓄文雅之意。对人而言,吃饭可以大大方方,谈笑风生,而且要呼朋唤友,推杯换盏,一醉方休。但是方便却不可以,方便要安安静静,心无旁骛,而且最好是一个人,没有骚扰。这样就可以痛快淋漓地排泄,将一切愁烦连同秽物连根除掉。我一向认为,厕所是一个人在世界上最为放松的地方。坐在厕所里,你可以放下一切身份的顾虑和尘世的搅扰,什么都可以想,什么都可以不想,那种一泻千里的感觉真好。所以,我固执地认定,一个家,乃至一个城市,最简单的评价标准就是去看它的厕所好不好。这个小说的主人公在藏区恰恰就遭遇了如厕的尴尬,如厕的痛苦以强有力的符号指代涵盖了他的人生困境。小说的结尾匪夷所思,小伙子最后不但慢慢适应了山顶上方便的方式,并且不可饶恕地爱上了这种方式。坐在藏区的山顶,头顶湛蓝无际的天空,看云卷云舒,风去风回,一身晦气飞流直下三千尺。来于自然,最终归于自然,人因此身心澄明,小说的主人公自此进入化境。

  我想,雷达先生的扎尕那故事与这个小说主人公的际遇有着某种高度的神似。在扎尕那,在藏区,人的逻辑最终要让位于神的逻辑,因为天上的扎尕那是神的世界，藏区的世界是佛的国度。

从扎尕那走出来的时候，扎尕那门口一改早晨的幽静，变得车水马龙，异常喧嚣，心里立刻有些沉重。雷达先生在《天上的扎尕那》结尾说，当他看到幽静的扎尕那开始人多起来的时候，他说他以后再也不写有关扎尕那的东西，劝别人也不要写，因为扎尕那需要安静。

我想也是。人是什么呢？人是万物之灵，当初神造世界的时候，江河湖海，日月星辰，举凡世间万物，莫不是为那个仿照自己造出来的"人"而存在。当世界为人而存在、为人而运转的时候，人就成了世界的中心。没有人，世界会孤独寂寞而死，但有了人，世界却会六神无主，心乱神迷。

天上的扎尕那，请你告诉我，天堂究竟在哪里？

离开扎尕那的时候，忍不住回头张望，扎尕那默然无语。在卓尼大峪沟的一线天，我丢了我最喜爱的太阳镜。太阳镜不会阻断我和太阳的关系，通过它，我依然能够看到太阳的灿烂。但它能够过滤掉太阳的刺激和耀眼，而且那种变幻世界色彩的魔力，和我彩色的防晒服、暗红的大帽子一起，让我有了一种行者的气度。太阳镜让我释放，让我自由，让我狂野，但是我却把它给丢了。我不知道它丢在了哪里，不过我知道它是和大峪沟在一起。我在微信中写到，我把我的一丝魂灵和太阳镜一起留在了大峪沟。在扎尕那，我什么都没有丢，但是我却怅然若失。我究竟还是丢了，丢了什么呢？

晚上，在酒店的大厅我们举行了最后一次总结会，学生们谈论不少，娴娴甚至还作了自我批评。我的总结是4个关键词："长江"、"团队"、"新闻"和"中国"。我们行走，是为了缅怀长江精神；我们行走，是为了锻造团队精神；我们行走，是为了寻觅我们为之疯狂的新闻，为了考察藏区的发展以及藏区人的生活状态。一句话，我们行走，是为了了解我们的民族和国家。我们有过徘徊，有过分歧，甚至有过冲突，但是一切都是为了这4个关键词。我甚至后悔，没有一台摄影机可以从头到尾忠实地记录我们的过程，哪怕是迷茫，哪怕是争吵。美丽的甘南留下了我们的脚步，那里有我们共同的呼吸，有我们行走的友情。当我看见娇弱的小洋洋抱着同样文静的建秋的腰，猫一般睡去的时候，我的心被无情地融化。我们虽然只有8天，虽然只有11人，但是甘南的山川会留下一段关乎兰大的记忆。

七 重回兰州

2015年7月30日，我们终于坐上了回兰的大巴。回兰的大巴豪华且舒适，但是回兰的路途却漫长也寂寞。车子驰过水草秀美的碌曲，第三次驶过合作，约六小时后，我们终于回到了兰州。

走出兰州汽车南站，有一种时空穿越般的感觉，而"游走甘南组"则就此风流云散。

我从小西湖下车，穿过小西湖公园，来到了南滨河路黄河母亲雕塑的旁边。被高温炙烤的兰州滨河路边柳树如荫，人山人海。旁边，黄河微波起伏，飞艇穿梭，时不时地飘来一声沉郁的汽笛声。可是，已经行走了八天的我竟然没有一丝倦怠，我还想走。

行走是城市的精神出轨，行走是社会的灵魂游荡，没有起点，也没有终点。

我戴着太阳镜在滨河路上再次开走，暗红的帽子微微下遮，彩色的防晒服随风飘动。我突然想起了苏格兰歌曲中的一句，"感谢上帝，未尝我的心愿"。

2015年8月14日完稿于榆中老家

第二辑　行走甘南（2017）

其实，刚接到"重走西北角"任务的时候，我的心里是拒绝的。

想到 2015 年第一次带学生"重走西北角"去甘南的情景，那种提心吊胆，烈日奔波，现在想想都后怕。我想到了那几个被晒蜕了皮的女孩子的脸，想到了铁尺梁的高耸入云，步步惊心；想到了学生们熬夜写稿，为选题而愁眉不展的日子。

那是一段煎熬的时光，我怕了。

然而，一种声音在不断地呼唤着我，一种无形的力量在强烈地吸引着我，我欲罢不能。我知道，那是来自甘南草原天籁般的声音，是来自高原佛国不可抗拒的召唤。那里有蓝得惊心动魄的天空，纯净得几乎透明的空气，以及阳光般热烈奔放的人们。

最后，我选择了臣服，臣服一片美丽而神秘的土地，臣服一段痛并快乐的重走之旅，臣服一次认识中国、理解中国的难得时机。

因为，那里是甘南。

2017 年的"重走西北角"行走甘南，我还是选择了和院里的张维民老师搭档。维民是我们院培养出来的硕士，是留学澳大利亚阿德莱德大学的传播学博士，也是我们院的第一个海归博士。他年轻帅气，热忱而又理性，是个富有朝气的年轻才俊。有他做搭档，一定会对重走大有好处。而且我恋旧，和 2015 年重走西北角的故友做伴，也算是幸事。

经过一番招募，我们的团队终于成形了。

"行走甘南小分队"包括我和维民一共25人,除了兰大学生,其他来自四川大学(1名)、武汉大学(1名)、西南大学(1名)、湖北大学(1名)和香港浸会大学(2名)。同时,队员的专业背景也是五花八门,有新闻学、传播学、广告学、播音、文学、宗教学、药学和中医学,甚至还有草学、机械加工、空乘等专业。夸张一点儿说,几乎囊括了大学专业的半壁河山。此外,队员中研究生和本科生的构成比例也大体相当。相较于其他路线,甘南组或许是构成最为复杂的一组。换句话,可不可以说,甘南线是最具内在生长力的一组?我不敢说,但希望是。

除了人员,甘南组的设备也是杠杠的,单反、DV、无人机一应俱全。

想想无人机飞翔在甘南,飞翔在扎尕那上空;俯瞰那些美丽的景色,该是多么销魂的事情啊。更不要说范长江、杨土司、约瑟夫·洛克在甘南的各种历史逸事,以及这片土地上生生不息、代代生长的人和事。

我的心又开始蠢蠢欲动了。

然而,为一片神秘的土地而动心,为一个日新月异、革故鼎新的国度而行走,又该是多么幸福的事啊!

我们将追寻范长江和约瑟夫·洛克的历史踪迹,用我们的脚步度量甘南温热的土地。

我们将寻访、记录并书写,用学子们象牙塔上投下的稚嫩眼光去仔细审视这一切。

我想起了艾青那句饱含深情的诗句。

> 为什么我的眼里常含泪水
> 因为我对这土地爱得深沉……

我们的歌喉稚嫩,歌声也许并不美,但我们愿意做那只用嘶哑的喉咙歌唱的鸟。

2017年7月20日下午,在兰大一分部新闻与传播学院院办会议室里,我们举行了简短的出行仪式,杜生一书记为我们送行并授旗。同时,甘南线的行走还得到了"青年田野行走计划"的支持。由此,本次行走是兰大新闻院传播学院发起的"重走西北角"活动和文化行者管委会支持的"青年田野行走计划"的联合。

此行,我们将行走合作、夏河、卓尼和迭部四个地方,整个行程历时13天。

是的,我们要出发了。

一　遇挫合作

第一天（7月21日）：入住合作青旅

7月21日,早早起床,穿上我2015年行走甘南时穿过的防晒服,戴上2015年行走甘南时戴过的大帽子、围脖和墨镜,背上2015年行走甘南时背过的旅行包,走出家门,我又是一个即将开始旅程的行者。

我们约定是8点30分在兰州汽车南站会合。一路堵车,我打车狂奔,最后到达时已经是8点31分,那里已经有不少学生在等着了。我气喘吁吁地向大家打着招呼说:"好险啊,终于按时赶到了。"玉鑫调皮地说:"老师,你超时1分钟,你迟到了!"我说:"是,是,是,抱歉。"学生们都大笑。抬眼一看,学生也都到得差不多了。过了几分钟之后,维民和几个学生也陆续赶到。这样,我们25人基本按时集合完毕。看看学生们,大都按我们的要求盛装出行,墨镜、围脖、大帽子和防晒服一应俱全,裹得严严实实。女生们也都涂了防晒霜,准备了防止晕车的各种药物,以及其他诸如感冒药、肠胃药等必备药品。学生的装饰可以说各有特色,但"潮"是必须的,大有"装"不惊人誓不休的架势。有的学生还互相指着对方的形状哈哈大笑,我们简直就像一队整装出发、穿戴各异的"梁山好汉"。

离开兰州,开始行走,可谓意义重大,合影留念自然是必不可少的。我们找人为我们拍了一个合影照,正式誓师出发。你再看,男孩子们跃跃欲试,女孩子兴高采烈,真是士气满满啊!

整装出发(高泽宇 摄)

8点45分,我们的大巴在灿烂的阳光里徐徐开出兰州汽车南站,开始向甘南进发。

我的心里在默默念叨,"美丽的甘南,伸开你的臂膀欢迎我们吧,我们来啦!"

一路上,女孩子们兴奋地不住拍照,男孩子们则显得持重沉静。窗外青山飞奔,绿树匆匆,渐渐地显露出愈加秀美温润的气象来。同时,路两旁风格迥异的清真寺和藏族寺庙,也似乎在提醒我们,我们即将进入的是一个以汉藏回为主、佛教文化和伊斯兰文化杂糅的特殊区域。它需要我们以更加开放、更加包容的心态去认真审视。

在三个多小时的车程后,我们到达了合作市。

2015年的时候,初次行走,我们经验不足,我和维民几乎包揽了一切。行走的财务、住宿、餐饮和包车等杂务都是由我们来完成的,结果我们累了个半死,中间还留下了不少遗憾。这次我们吸取经验教训，让学生来承担这些事情，学生收钱（师生每人收取1500元，多退少补），学生管理，学生支付，学生订房订餐，买票包车。具体来说，我的研究生张玉鑫管钱，魏开心管账，顾轩之配合帮忙，广告班2年级本科生刘继衡负责组织、外事和其他事务。这样，一方面可以充分发挥学生的能动性，另一方面也可以借此锻炼学生的组织能力，使得整个行走更加圆满顺利。当然，减轻我们的杂务负担，好让我们有更多的精力来组织学生，帮助学生进行选题采访，也是另外一层考虑了。

想想2015年初到合作真是有点儿惨，我们带着一群学生，拉着行李，看了这家，看那家。最后，好不容易才找到了一个栖身的宾馆，此时已经是下午4点左右了。领着学生出来，又要替学生省钱，又要吃好住好，谈何容易？而且在甘南消费之后，要一个发票真是比登天还难。有时候要一个收据也相当不易，甚至要一个白条也会惨遭拒绝。你要是问得急了，人家就会吼道："我们这里是少数民族地区，我们不上税，也没有发票这一说！"没有发票，回去报销就成了一个绝难的问题。

这一次，我让学生做了预定，强调要省钱，另外，一定要有正式发票，而且每个学生要有一张床，可以睡好，还可以冲个澡。千叮咛，万嘱咐，应该会有不错的结果吧。我心里不断地自我安慰着。

可是，随着住所的临近，心里却开始七上八下，越来越不踏实。学生们预定的是一个青旅，名叫云松青旅，是在合作体育局家属院二楼的一套住房里。我们浩浩荡荡一行人进入体育局家属院的时候，招来了不少诧异的眼光。领路的是一个精瘦的藏族小伙子，他替我们向门房的师傅打了招呼之后，就领我们进入了楼门。楼道狭窄，电梯拥挤，根本容纳不下我们这么多人。我招呼小伙子和行李较少的学生同我一起爬楼梯，体力不好、行李较重的女生坐电梯。

当我们跌跌撞撞进入房门的时候，一下子傻眼了。这是一套三室两厅两卫的住房，其中有两间里面是高低床，每间可以住6个人。另外一间是榻榻米式的长形床，最多能住3人到4人。这套房本来最多只能接待10多人。可是现在要硬生生塞进25个人，乖乖，这可怎么住？老板有办法，他在客厅靠墙摆了一溜简易的单人行军床，再加上沙发，还有门口两张并在一起的简易单人行军床，这样就可以把25个人给塞进来了。而且，由于比较仓促，被褥床单不全，枕头不全，我们只能用各种办法胡乱将就，这种惨象简直无以言表。

但是学生们似乎毫不在乎，男男女女都欢欢喜喜地放下行李，开始听从安排，寻找属于自己的那张床。玉鑫和轩之、开心三个是"订房三组合"，自然也就是分派床位的执行者和组织者了。她们将所有女生安排在两间房子里的高低床上，然后将男生安排在客厅周围的简易单人行军床上，最后就剩下我和维民两个老师，还有玉鑫和轩之了。

"老师，你和张老师去住单间的大床，那里环境比较好，也安静。"玉鑫和轩之无奈地笑着对我说。

"那你俩怎么睡？"我问。

"我俩就住门口这两张床。"两个女孩子指了指门口并在一起的简易单人行军床说。

"那怎么行？"我和维民都惊呼道。"别的且不说，男生住在客厅，你们两个女生住在门口也不方便啊。这样，我和张老师住门口，你俩去住单间的大床。"我说。旁边维民也在不住地点头附和："是，是，是。这样比较好。"

"那怎么好意思呢？"两个女孩子齐声说，"你们是老师呢，哪能让你们受这委屈？"

"我们是老师，出来我们不受委屈，谁受委屈？带你们出来，就是来受苦的，这就是行走。"我说。

然后，我和维民把两个女孩子强行赶到了那个房间里，开始回头收拾两张合并在一起的单人床。这一看不要紧，禁不住心中暗暗叫苦。原来这床不仅是单人床，还是缩减版的单人床，合并在一起，两个人躺上去，就连自由舒心地翻个身都不能够。这床还没有枕头，只能拿叠起来的床单放在书上充当枕头，被子也就是一个没有被芯的被罩。

更糟糕的是，这两张床摆在门口，是进进出出的必经之路，也和客厅连在一起，两个人晚上睡觉明晃晃，亮光光，没有任何隐私。如果不小心，自己的睡相就会一览无余。而且，稍有不慎，就有走光的危险。所以睡觉的要求极高，必须最后睡，最早起，中间不能随意乱翻身，不能打呼噜，不能磨牙，不能说梦话，不能打嗝放屁。这对一个注定要到外面天天跑的新闻狗来说，是多么非人的要求！当然，睡在客厅里的男生也不例外，可是学生们却一点儿都不在乎，一个个笑嘻嘻地说："老师，没事！住在一起热闹，也方便我们开会讨论问题。"

这些傻孩子，真是让我不知该爱，还是该恨。我心里有一万个疑问，一万个浑身难受。我不想让我的学生看到我前翻后滚的睡相，这该如何是好？铺床的时候，我和维民相对一望，禁不住都一声苦笑。

要命的是，这青旅也没有发票。为此，老板把房费由每人45元降到了每人40元，老板也算通融。老板也还有点儿浪漫情怀，门口对门墙上做了一个花花绿绿的留言墙，特意传话要我们写一些有意思的留言在上面。

客厅储物墙（李晓灵　摄）

心里实在堵得不行，我把玉鑫叫到了我们面前。

青旅留言墙（李晓灵　摄）

"不是说一定要有发票吗？怎么就没有发票呢？现在这么多人，男生连宽一点的一张床都没有，睡不好啊！"我说。

玉鑫委屈地噘着嘴说："老师，现在是甘南的旅游旺季，订房好难呢。要么死贵，要么没有那么多房间，这也是我们挑了好久才定下来的，也不容易呢。"

看看玉鑫委屈的表情，心也软了。这些事烦琐，又不好做，做了事，还要挨批，这冤枉对谁说去！就这样了吧，谁让我们是老师，谁让我们来甘南呢？认了吧。咬牙坚持，不就是三天时间吗？

后面我才知道，这个想法有点简单，要想落实并不简单。

理想是丰满的，可是现实总是骨感的。

之后，我和维民就催促学生尽快收拾完毕，一起去吃饭。我们准备每到一个地方都聚一次餐，讨论采访方案和选题设计，然后分头行动。我们人太多了，聚餐多的话会不方便，一般的餐馆都容纳不下我们这么多人。当然，经费也是必须要考虑的一个问题。

找来找去，我们找到了河对面一家川菜馆，看起来环境还不错，应该饭菜也蛮好吧，我们急需一顿美餐来安慰我们抗议不断的肠胃。人是铁，饭是钢，一顿不吃饿得慌啊！我们选择了两个包厢，两个老师一个包厢一桌。很快，饭菜也上来了，我们就要开餐啦。

我提议我们喝一点啤酒，增添一点气氛。我其实是不能喝酒的，但为了重走，少不得打肿脸充胖子。没想到女孩子们头摇得拨浪鼓一般，男孩子们也一脸茫然。

"老师，就别喝酒了吧，出来不安全。"玉鑫讪讪地说。

"我们每桌就喝一两瓶，碰个杯，不碍事。"我说。

"不要喝酒啦！"轩之在一旁也附和道。

"这事听我的，我是老师，还是你俩是老师？"我说。

"老师，这次你得听我们的，你可是授权给我们了呀。"玉鑫调皮地说。

"而且，财权可在我们手里呢。"开心盯着我，笑着说。

"不行，不行，就不行！"两个女孩子大笑着转身就跑。

"好吧。"我无奈地说。这两个猴精要翻天，敢否决本老师的意见，看我回去怎么收拾她们！我心里愤愤地说。回头一想，初来藏区，安全为上，她们也有道理，不喝也罢。

虽无美酒，但是以茶代酒也是好的。肚子已经"咕噜噜"叫了半天，我们齐声碰杯之后，开始狼吞虎咽，不一会儿便风卷残云，吃了个干干净净。孩子们都惊叹我们的战斗力如此之好，原来"女汉子"们在美食面前并不柔弱，完全超越了我们的想象。

饭后，在饭桌上，我们开了一个小会。下午稍事休息之后，大家就要分头出去采访，寻找新闻了。我们大体有个分组，以3—5人为一组，男女搭配，校外和校内混搭，研究生和本科生适当匹配。当然，这只是个大体分配。到后面，随着选题的不同和采访的深入，初步的分组可能会被打乱。但是，学科的交叉，性别的搭配，区域的交叉，学历的高低匹配，是一个基本原则。这样的混杂交叉将有利于学生们互相交流学习，有利于学生们之间帮带互助，有助于重走目标的实现。

在会上，我们确定了采访的主题和注意事项。在甘南，我们的采访主题大体集中在西北少数民族聚居区的经济文化发展以及媒介社会建构等方面。其中，它们在新时代中的发展变化、改革阵痛、人文历史、日常生活以及情感世界，将是我们的采访中心，而西北、少数民族、重走则是不可撼动的三大关键词。同时，我们也要求学生要注意藏区的特殊性，尊重当地的宗教信仰、文化生活和民族感情。此外，安全也是重中之重，要男女结伴，早出早归。要知道，把23个学生安全带回兰州，可是我和维民的首要任务。如果安全不保，一切都无从谈起。我们也约定，每晚都要开一个总结会，总结一天的采访活动，讨论选题和具体采访细节，并预设第二天的采访计划和选题推进。

接着，我们离开了吃饭的地方，学生们四散开去，回去的回去，采访的采访。学生们重走西北角的采访活动就此正式拉开帷幕。

据我们以往的经验，第一天往往是安排住宿和熟悉情况的一天，这一天要有收获几乎是不可能的。

晚上和维民随便吃了一碗面，就去了合作市中心的世纪文化广场。据说，这里每晚7点到9点都会有规模盛大的锅庄舞。2015年来的时候，第一天晚上就想去看，结果晚上一顿雨，锅庄舞就泡汤了。这一次，一定要一饱眼福，来甘南不看锅庄舞，那就白来甘南了。

来到合作世纪文化广场的时候，那里已经是华灯初上，人流如潮了。

合作世纪文化广场历时三年，建成于2003年，具有浓郁的香巴拉主题文化特征。广场规模宏大，独具特色。其中，白海螺音乐喷泉、羚羊石雕和高原明珠钢雕互为呼应，气势轩昂。

白海螺音乐喷泉位于广场中心，音乐舒缓，喷泉玲珑，灯光华丽，圣洁美丽的八瓣莲花上托着神奇的白海螺，旁边烘托以五彩的哈达，给人以如梦如幻之感。北端的羚羊石雕则洁白优美，伟岸粗犷，显示着合作作为"黑措"（藏语，意即"羚羊出没的地方"）、"羚城"的历史美誉。

此时，这里早已经聚集了许多合作人，他们围成圈，里三层外三

白海螺音乐喷泉（李晓灵　摄）

羚羊石雕（李晓灵　摄）

层，忘情地跳着锅庄舞。他们时而舒缓悠扬，时而热烈欢快，时而长袖善舞，时而齐声欢呼，整个广场几乎都被点燃了。舞的人忘乎所以，看的人陶醉不已。这里变成了集体歌舞的天堂和欢歌笑语的乐园。这就是藏族，一个天生能歌善舞的族群，一个乐观通达的民族。他们有着豁达的心灵，有着执着的信仰，从来不知痛苦为何物，他们就是为快乐而生的。

锅庄舞的热情洋溢深深打动了我，我也忍不住站在旁边手舞足蹈，只是舞姿不好，不敢贸然入内。不过，我发现了几个混入其中的甘南组队员。几个姑娘跟着人群翩翩起舞，她们偶尔也有不会的时候，就忍不住回头鬼笑，但是她们总能够迎头赶上。锅庄舞重在参与，参与就会有快乐。

退出人群，锅庄舞依然热情不减。抬眼一望，天上皓月当空，一片湛蓝，锅庄舞的歌声打破了夜的宁静，让这个城市显出了一种难以言说的超越和美丽。这就是藏族，这就是合作。

回到房间，学生们开始陆陆续续地回来了，整个房子里立马热闹起来。乘着这劲儿，我们围坐在客厅茶几周围，开了一个简短的选题会。我启发学生，第一天就是序幕拉开的一天，我们首要的任务是多做功课，提炼选题，同时要谨守民族政策和新闻规则。这时候，我发现学生们脸上出现了一丝不安和迷茫，有些学生要做民族语言传承和传播，有的同学想做藏传佛教，有的想做精准扶贫。总之，大多是假设和预计，到底实现的可能性有多少，大家似乎都没有多少把握。有的人叹气，有的人微笑，有的人无谓，学生们第一次就表现出各自不同的情态来。我宽慰鼓励学生们，我说根据以往经验，第一次采访往往会有各种情况，无所适从，碰钉子，遇麻烦，这都是意料中的事情。既然出来了，我们就要勇敢面对。

会议结束已经是 11 点多了，女孩子们都开始洗漱，男生则知趣地上了床。这房子只有两个洗手间，而能够洗澡的则只有一间。于是，那些必须要洗脸刷牙、洗澡之后才能睡觉的女孩子们，就开始在洗手间门口排队。25人只有这两个洗手间，其难度可想而知。我们明智地放弃了这一权利，开始收拾上床。慢慢地客厅开始安静了下来，好多男孩子都上了床，低声说着话，不一会儿就陆续睡着了，而大厅的桌子前依然坐着一男一女两个学生在电脑上写东西。

我和维民不敢脱衣服，不敢脱大裤头，几乎是和衣而卧，估计男生也大多如此。维民面向窗户，我则趴着睡觉，我俩面对面睡觉不舒服，背对背睡觉，总有一位睡姿不对，反正左右就是别扭、尴尬。维民幸福，倒头没有几分钟，便开始鼾声大作，可我却不能那么快入睡，辗转反侧，难以入睡。

于是，不大的客厅里就出现了特别的一幕——昏暗的灯光下，一男一女两个学生默然伏案，在电脑前静静地写东西，其他地方则弥漫着甜蜜的、梦的气息。客厅里打鼾声此起彼伏，好似瞌睡诱人的双眼，甚至从女生那边也隐隐传出了轻微的鼾声。这鼾声拐了几道弯之后，竟然也传到了客厅。

我们两位老师为了避免走光或掉到床下的命运，不敢造次，小心地躺在狭窄的床上，甘当秦琼敬德，担负起把门守夜的神圣职责来。

窗外，明月在天，夜风轻柔，我们的甘南之行第一天就这样慢慢拉下了帐幕。

我相信，在我的行走历程里，这应该是最难忘的一个晚上，没有之一。唯愿它能有意外的收获。

第二天（7月22日）：九层佛阁和仁美草原

早上，合作的晨光早早就从窗户照了进来。这是合作第二日，多么明媚的一天啊。

为了让学生们多睡一会，不和学生争抢洗漱的时间，我们早早就起了床。好学的维民趴在床边的桌子上，开始了晨读。我洗漱了，然后下楼在河边跑了一圈。合作的盛夏在清晨中醒来，空气洗过一样明净，柔和的阳光洒在河面上，闪烁着粼粼金光，美不胜收。

回到房间的时候，男孩子们大多还缩在床上。不是他们不想起床，他们知道即便起床，也没有他们洗脸和用卫生间的机会。再说，女士优先，绅士风度还是要讲的啊，所以还不如打个时间差，缩在床上假睡一会儿。

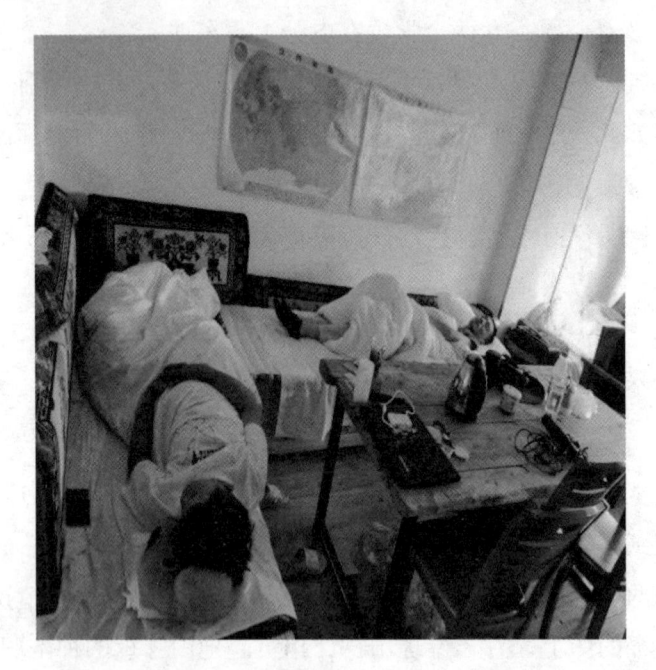

睡在客厅沙发床的大侠（李晓灵　摄）

这时候却是女生的洗漱高峰。那么多的女孩子，2个卫生间显然太少了。有的女孩子在卫生间洗澡、洗脸，门口则一左一右站着两个排队等候的女生。她们拿着毛巾或浴巾，坦然自若地低头划着手机，自得其乐，没有丝毫不爽。

再看门边的大镜子前面，玉鑫、开心和轩之三个气定神闲地又梳又擦，好不自在！

有时候觉得，这就是青春。不在乎外在的物质，只在乎洒脱一刻，开心一刻，世界都会因她们而灿烂。

草草吃了早餐后，大家开始分头行动，维民去做他的访谈，我想去广场，去合作寺院。

睡在简易床上的大侠（李晓灵　摄）

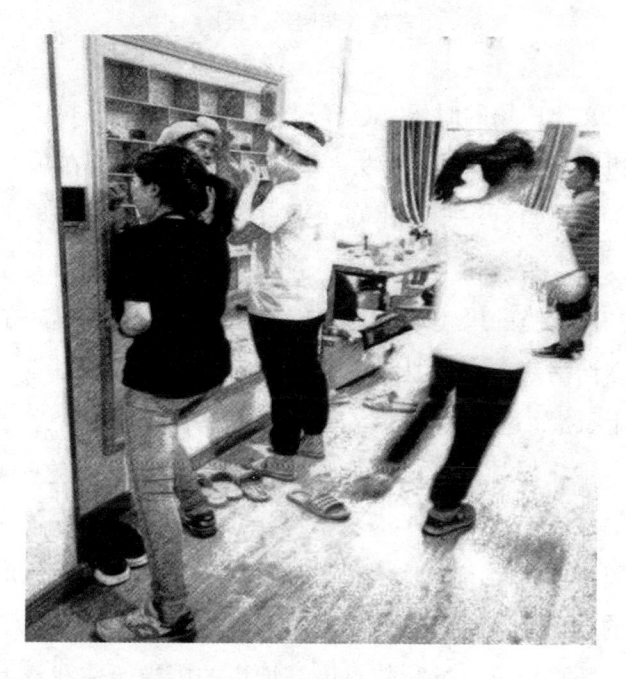

梳妆（李晓灵　摄）

等候（李晓灵　摄）

到世纪文化广场的时候，已经是8点多了。天不热，广场上人不多，但北边却是人头攒动。过去一看，原来这里今天在搞一个叫"骑闯天路"的大型自行车骑行比赛。来自四面八方的骑行勇士们一个个身体强壮，戴着头盔和墨镜，身穿五彩的紧身运动服，英姿飒爽，威武无比。一声清脆的枪响之后，他们便如离弦的箭一样冲了出去，车流滚滚，浩浩荡荡，向着他们心里的天路而去。

"骑闯天路"这样豪迈的运动，在甘南举行是再合适不过了。粗犷的西部，雄壮的甘南，山一样坚定的藏族男儿，在这里勇闯天路，仿佛高原的雄鹰展翅飞翔。

看着骑行健将的车队渐渐远去，心里有一种莫名的感动。我坐在广场高高的台子上，前面是高而矫健的羚羊石雕，后面是圣洁美丽的白海螺音乐喷泉。风吹过我的脸庞，灿烂的阳光照在我身上，所有尘世的烦恼一扫而光，一种前所未有的温暖淹没了我。这不是人潮汹涌

骑闯天路（李晓灵　摄）

蓄势待发（李晓灵　摄）

的北京，也不是金光闪闪的上海，这里是甘南，是神秘美丽的西部高原。我该怎样才能穷尽她的美丽？我又如何才能尽享她的丰腴？

在合作，没有诗，就像草原没有酒一样。于是，在合作的广场上，我写了一首送给合作的诗：

合作七月的云

坐在合作广场的台阶上
像一朵等待的莲花

云彩飘荡
鹰展开了硕大的翅膀

广场上没有锅庄舞
小苹果跳得山响
人们骑上他们的自行车
潮水般勇闯天路

楼群那边山坡上
金光闪闪的寺院
经幡飘扬
佛睡了
但满山的油菜花却疯狂生长

七月炙热的欲望
呼喊着流浪的灵魂
一月又一月

失去春天
冬还遥远
我只能用七月罂粟般的剧毒
屠杀那些翻腾的火焰

> 七月
> 不说爱情
> 不说生命
> 不说死亡

中午,我去了合作寺院,合作寺院依然金碧辉煌、气势轩昂,尤其是九层佛阁,虎踞龙盘,翘首而立,雄伟无比。九层佛阁全称是安多米拉日巴九层佛阁,是为纪念藏族最具传奇色彩的米拉日巴尊者而建,也是安多地区最主要的藏传寺院之一。2015年时,来合作的第一站就是九层佛阁,但这一次,我没有进去。我在九层佛阁对面的一个商店里,要了一杯当地藏民自己酿制的酸奶,坐在小凳上,一边吃着酸到心里的原生态酸奶,一边远远地端详着九层佛阁。有时候,有些东西是需要拉开一段距离来看的,也唯有拉开一段距离才会看得更加深切。

九层佛阁侧影(周子洋 摄)

阳光是如此地炽热,照在九层佛阁之上,九层佛阁的金顶发出耀眼的光芒。远处高原的风吹过,五彩的经幡"扑啦啦"作响,那风铃也有时会发出几声清脆的响声。

九层佛阁就这样默默地静立在合作的尽头，依山建立、逶迤成群的合作寺院在这里达到高峰，也在这里戛然而止。九层佛阁是它们的至高，也是它们的终点。九层佛阁是合作寺院的脊梁，也是合作寺院的眼睛，更是合作的灵魂。看着它，仿佛能够听到合作柔和的呼吸和心脏的跳动。

九层佛阁（王玥　摄）

突然想起学院于永俊老师特意叮咛过的仁美草原，何不去看看？于是，就打电话给刘继衡。不一会儿，刘继衡就带着岳蓉媛、马佳鑫、张铠蓝等几个同学过来了。马佳鑫是我们新闻学院自己的本科生，乖巧伶俐，非常可爱。他是我们的摄像师，更重要的是，他是无人机驾驶手，这是我们甘南线的亮点之一。岳蓉媛是兰大外语学院俄语系的学生，聪慧理性，文笔不错。张铠蓝是香港浸会大学的学生，地道的香港人，满口粤语，软声细语，也是一个很可爱的女孩子。

继衡几个到了之后，稍事休息，我们二百多块钱租了一辆车子，挤一挤，刚好能坐下，然后一路奔向仁美草原。一个多小时之后，我们就到了仁美草原，一下车，孩子们齐声一阵惊呼："太美了！""好美的大草原啊！"

仁美草原平坦辽阔，一眼望不到头，绿油油的草甸就像铺上了一层厚厚的地毯，踩上去柔软无比。这里鲜花盛开，云淡天高，凉风习习，有一种世外仙境的感觉。站在草原之上，顿觉心旷神怡，都市的酷暑和喧嚣所带来的不爽立时荡然无存。孩子们看到这样美丽的景色，立时像脱缰的马儿一样跑开去，尖叫着奔跑，摆出各种 pose，留下最美好的身影。

越是在这个时候，越能看出青春放肆无忌的身形，同时，也能看到新闻人拍照时的敬业精神，尤其是马佳鑫，时而跪，时而爬，继衡也是怪招不断。这草原似乎变成了我们青春的撒马场，好不畅快！

行走是这样一个过程，我们感受社会，寻找新闻，但我们也观赏风景，体验祖国大好河山的无穷魅力。只有这样，我们的行走才是心灵放松和专业收获的结合，我们的步伐才不会因为过于单调而迟缓。

回到合作时，已经是下午 5 点多了。合作傍晚的阳光依然炽热而明净，我们坐在九层佛阁的对面，要了一大桶店家自制的酸奶，看着合作寺院的美景不胜感慨。这样美好的景色，这样香甜的酸奶，也许只有合作才有，尽情地享用是我们唯一的任务。

晚上，9 点多之后，学生们都陆陆续续回到了云松青旅，我们的采访研讨会又开始了。每天一总结，每天一筹划，这是原则，也是必需。

可是，会议并不轻松。学生们显然有些沮丧，不，是很沮丧。沮丧在于，他们所遭遇的困难是没有料想到的。当身居象牙塔的学生们双脚落到真实的土地上的时候，他们才发现，现实并不是那么简单，比他们想象的要复杂得多。原来在学校准备好的选题在这里找不到落地的土壤，而且困难重重。不过，他们还是小有收获，这也是让我们两个带队老师颇感欣慰的事。

原来，周子洋和朵开丽、魏煦然一组兴致勃勃地想做甘南乳业发展和创新的稿子。这一天,她们了解到甘南乳业以燎原、华羚、雪顿为主要构成,新老结合,而且在走民族化、现代化的路子,应该很有发展前景,尤其是牦牛奶的开发,更是一个亮点。但是作为一个没有确切媒体身份的学生,要想得到企业的认同,并接受采访,确实是一个相当困难的事情。我们的学生有办法,一个得到了门卫的认可,并且做了采访预约;一个采访了华羚马总,得到了比较细致具体的材料,而且被赠以华羚最新研发、尚未上市的酸奶产品。学生们既为面临的困难忧心忡忡,又为初试牛刀而欣喜不已。尤其是子洋,脸蛋上泛着欢快的光彩,她还给了我一瓶她们的战利品——华羚新产品小瓶酸奶。她得意地说:"李老师,好萌宠的包装!"

还有一组是香港浸会大学兰州籍传播学专业学生王玥组,她们想做藏医传承和发展以及藏区乡村医生的选题。一出门,在离我们住所不远的甘肃中医药大学甘南分院那里,她们幸运地遇到了一个藏区乡村医生培训班,而且也真的进到了他们的课堂,非常真切地感受到了那些村医的困难和处境。她说,那些村医有好多基础技能都不会,但他们一个村子和好多牧场的群众看病问题就是由他们来承担的,因为正规医学院校毕业的大学生都不愿意去这些边远的地区工作。他们没有工资,也没有更多的资金支持,新的医改对他们也有不利的地方,真是责任大,处境难。他们中间甚至还有乡村医生带着自己的孙子来学习,他们有很强的学习愿望,但知识接受能力显然不很乐观。王玥说,她看了那些村医上课的情况,听那些村医的讲述,真是五味杂陈,不知道该怎样才能帮到他们。

玉鑫、轩之和开心一组也找到了自己的新闻点。她们去了九层佛阁,然后了解到在这不远的地方竟然也有女寺和女僧。她们很好奇,想去看看藏区女寺的境况以及女僧的生活。

继衡、佳鑫、蓉媛几个在九层佛阁遇见了一个老年喇嘛。这个喇嘛气度不凡,住房宽敞明亮,他们觉得应该有故事。另外,还有一个年轻喇嘛也很特别,他们想在他的身上挖故事。

尽管有这些发现，学生们普遍的感受是白天所经所历和自己的想象有很大差距，而且他们也有找不到新闻、找不到路径和拿不准的苦恼；有选题的同学在采访过程中普遍遭受了冷遇，甚至被拒绝；有时候他们发现，他们看到的、采到的并非她们预期的理想素材。总之，没有很确实的收获。做新闻，一个字，难。二个字，很难。三个字，非常难。

这种情况下，学生们有被当头一棒、不知所措的感觉。

学生们七嘴八舌地讨论之后，我作了总结。我提醒大家，根据上一次重走的经验，这一天往往是经历挫折的一天，遇挫、失望和沮丧是非常正常的，而这恰恰就是我们重走活动的价值所在。社会不同于课堂和校园，想象和现实有很大距离，我们的采访不可能一帆风顺。所以，我们要正确面对白天的经历和感受，知难而上，勇敢地解决困难，采到有温度、接地气的新闻，这是我们的目标。

另外，我们也基本确定了几大有潜力的选题，像甘南乳业、藏医和女寺等都非常不错，需要明天继续跟进，深入挖掘，争取能做个系列稿。同时，有些选题也可以尝试着去做做，比如藏语的传承和衍化，藏族人在现代化过程中的变化和阵痛，以及新媒体对藏区生活的影响，等等。

最后，我告诉学生们，采访要细致，要将文字、图片和视频结合起来多方位进行。同时，要注意挖细节，突出人物的细节，故事的细节、分析的细节；要把生活中"毛茸茸的质感"充分地呈现出来，以此来吸引受众。

我也鼓励大家，我们虽时间有限，空间有限，不可能有很深入、很全面的了解和分析，但我们有年轻的心，有新颖的视角，我们要用当代大学生的独特视角去观察和呈现甘南社会。大学生的"我看"、"我思"和"我想"是我们的亮点，而用新鲜的场景、独到的观察去凸显大学生群体的独特理解，则是我们此次重走活动的最大特色。一句话，我们稚嫩，我们不成熟；我们浅显，我们不深刻。但是，我们年轻，我们新鲜，我们有朝气。我们没有那么多的条条框框，所以才会是独特的，有磁性的。

开完会，已经11点多了，学生们洗澡的洗澡，睡觉的睡觉，但同时，桌子上也还有学生用电脑整理资料，写稿子。这些年轻的身影真让我有心动的感觉，这是一种歌哭无端字字真的情怀。这是一股顽强、执着的力量，我喜欢。

躺在床上，外面合作的月光分外明亮，水一般洒在身上，恬静而柔美。我睡不着，辗转反侧。旁边维民的鼾声又开始响起，客厅里男孩子们的鼾声也不甘示弱，此起彼伏，就像一首甜美的合奏曲。

我开始后悔为什么没有在他们之前入睡。

这是第二日。

第三天（7月23日）：建转经阁的人与再访清真寺

第三天早晨，我还是早早起了床。

这一次，我到小区外河边的公共厕所方便，然后在外面吃了包子和豆浆。临走时，遇到了来自西南大学的赵斌和邱睦。赵斌是岭南人，是个文静且阳光的男孩子。邱睦是个爱笑的湖北人，是个研究生，还是个新婚不久的新郎官呢。为了此次行走，他丢下了新婚的妻子，义无反顾地来到了甘南。唉，该说什么好呢？这不，他们自己吃，还要给自己组里的轩之几个师姐带早餐。刚开始，我们的团结互助和甘南情谊就已经不可阻挡地发展起来了。

回到房子里，让我惊奇的是，学生们好多都已经出发了，但也有还没有起来的女孩子。我敲了她们的门，提醒她们，该起床了，甘南的新闻在呼唤着她们。

维民早上要去广场作访谈，我还要去九层佛阁。听说那里今天有活动，人多，新闻也可能会多。

走到九层佛阁的时候，那里已经有很多人了。人们有的手里拿着佛珠，快速转经，有的虔诚地在佛阁门口的通道里磕长头，有的则已经煨桑完毕，准备回家了。在门口，也有一些做生意的藏族人，专卖拜佛用的各种东西，俨然形成了一个小市场。

我不急着进去，我在马路对面仔细审视着早晨的九层佛阁。晨光下的九层佛阁，依然那么端庄美丽。在离门口不远的地方，也就是九层佛阁最东边的边角上，我发现有一个新的转经阁正在修建。有几个人站在已经初具规模的佛阁屋顶上，正在"叮叮当当"地干着活。佛阁的屋顶是木头的，那些刨得光滑圆润的木头在阳光的照射下发出洁白的光芒，显得圣洁而耀眼。我和他们打招呼，给他们照相，他们欢快地招手。有个年轻的师傅还特意摆了一个 pose，来配合我的摄影。多么质朴的人儿！

在下面，有一个皮肤黝黑的年轻人，他正坐在地上非常专注地干活，胳膊健壮而有力。我说明了来意，他一边麻利地干着手里的活，一边和我聊了起来。他说，是他们雇用了屋顶那些干活的汉族人。为了建这个佛阁，他和全家10口人要花10年时间去打工，然后用打工的钱来修建这个佛阁。为此，这要花去他们10年打工的积蓄100万元之多！用十年打工的收入来修建这个佛阁，这样的表述真的震撼了我这个汉族人。

"那你们为什么不拿十年打工的钱去给自己建房子，买东西？为什么？"我惊奇地问。

他把手中的木头扔到一边，又拿起另一块木板，淡淡地说："为了平安。"

后来，来了一个老者，手里不断地转动着一串佛珠，黝黑的脸上布满了岁月的沟壑。他爽朗地笑着，那笑脸如同甘南的阳光一样明澈。

他说，刚才的那个小伙子是他的孙女婿，干活的有一位是他的女婿，他们儿孙一家人10多口全在这个工地上。"地基和石墙都是我们大家自己动手做的，房顶的这些木工活我们干不了，雇的汉族师傅来做。总之，就是大家齐心合力，动手做这件事。"当我问到费用问题时，他笑着说："得一百多万。我们全家十口人，打工的打工，开汽车修理厂的开汽车修理厂，做买卖的做买卖，十年时间就凑够

修建转经阁的人们（李晓灵　摄）

了这么多钱。""有没有不愿意的年轻人啊？为什么不把自己挣来的钱买房买车，改善自己的生活呢？"我好奇地问。老人思考了一下说："现在我们藏族的年轻人也有不愿意的，和老人的思想不一样了。但我们这个家族没有，我们大家都愿意，都想齐心合力建这个转经阁。"

"为什么呢？"我追问道。

"在我藏族人看来，能够为寺里修建一个转经阁是非常荣耀的事情。有钱的人很多，但是能得到机会，给寺院修建转经阁的人不多。我儿子是寺管会主任，所以我们才有机会在这里修建这个转经阁呢。"老人骄傲地说。

"可是，为什么要花这么多钱修建这个转经阁呢？"我又问。

这个问题对老人来说似乎有点儿幼稚。他望着天空，沉吟了半天说："为了功德。转经阁可以为我们全家人祈福，也可以让更多的人来这里转经，免除罪孽，向佛祈福。有钱，要是没有平安和福运有什么用？我们有佛，有平安，有来世，这是我们藏族人最幸福的事儿。"

为了平安和信仰，可以心甘情愿献出全家人10年的收入，全身心投入地修建这个转经阁，这该是多么超越的事情啊！10年，这本身就是漫长的转经，就是为了信仰而奉献一切的朝拜。

我想起了2017年的《冈仁波齐》。张扬用一年时间，追随一群11

个人组成的朝圣者队伍，行程2500多千米，完成了对神山冈仁波齐的朝拜。他们超越了浩瀚的高原，经历了风雨暴雪，甚至付出了生命的代价，才达到了灵魂的圣地。他们的工具是简陋的，最后一段时间可以用原始来形容，但他们有着纯净、坚毅的内心，他们用对信仰的执着完成了朝圣的壮举。中途，一个孕妇产下了一个孩子，新生命的出生为这个艰苦卓绝的朝圣增添了灵气和希望。新生命的诞生似乎在昭示着一个特殊的意义——朝圣不仅仅是一个漫长的追寻，更多的是对旧我的抛弃，对新我的锻造。有人或许不解，有人或许嘲讽，也有人甚至会斥之为愚昧，但是谁能否定为信仰而追寻的步伐呢？

弃旧迎新，达到灵魂的天堂，重返伊甸园，也许就是信仰的终极目标。舍此，还有什么呢？

有信仰的人是幸福的，为信仰而执着追寻的人是可敬的，而能超越世俗物质的羁绊，达到信仰升华和灵魂超越的人，则更值得仰慕和向往。

相比之下，对于物欲横流、灯红酒绿的现代都市和现代人而言，这多少都是一种奢侈。

当我们心灵迷失、灵魂错位的时候，世界对我们到底意味着什么？天堂，还是地狱？我不知道，但我却被这一家人的执着深深感动，我坐在那里久久不能平静。

下午，突然想到了佳鑫的秘密武器——无人机。如果在这里航拍一下美丽的景色，然后回去做个甘南风的纪录片也不错。于是就叫佳鑫和继衡拿了无人机，先到九层佛阁飞了一会儿，景色果然惊艳。不过，九层佛阁的人倒是很淡定，似乎没有多少人注意这事儿。佳鑫担心是不是会有禁飞，所以飞得战战兢兢。

后来，突然想到了合作的清真寺，那里依山而建，应该也有不错的景致。于是我们就来到了合作西关清真寺。2015年来这里的时候，我们遇见了不少热情的穆斯林大爷，给我们留下了深刻的印象。我们进去的时候，清真寺里没有几个人，只有一个看门的老大爷。说明了来意之后，老大爷痛快地说："没事，你们拍，你们拍！"不一会儿，无人机就飞了起来，整个山脚下的风光尽收眼底，拍得果然非常过瘾。

之后，我们又来到了合作清真大寺。合作清真大寺在合作市区的中心，修建得富丽堂皇，非常大气。这里，我们同样得到了爽快的允诺。几个好奇的穆斯林大爷围上来，指指点点，看这看那。当无人机飞起来的时候，他们都兴奋地望着天空，有几个穆斯林大爷在台阶上的板凳上齐齐坐了一排，他们也都不约而同地抬起头，寻找无人机的身影。有人禁不住兴奋地说："这玩意儿有意思，科学好啊！"

穆斯林大爷们围观无人机（李晓灵 摄）

走出清真寺，心里颇有些感慨。科技推动时代飞速发展，人们的观念也会与时俱进。当现代科技以华彩的姿态进入宗教的殿堂时，无法抗拒的魅力似乎让宗教也有点心神不宁。但相比于宗教，科技是有限的，尽管妖媚多姿，我们最终还得回到宗教幽深的殿堂。

随后，我和继衡、佳鑫吃了晚饭，他们回去，我继续游走合作。这次我叫来了维民，我们在合作的街道随意闲逛，什么都觉得好有意思。我们进了一家民族器物店，琳琅满目的瓷器令人眼花缭乱。这些瓷器就是一个民族日常生活的真实书写，弥漫着浓郁的艺术气息，又闪现着真切的世俗光芒。

这不？张博士都有点儿流连忘返了。

惊艳（李晓灵　摄）

张博士陶醉了（李晓灵　摄）

回去的路上，正值夕阳西下，合作整个天空余晖万里，云淡风轻，所有的建筑都被罩上了一层玫瑰色的面纱。河水波光粼粼，金光闪闪，河岸上古树参天，柳枝婀娜，好一幅合作夕照图啊。

合作夕照（李晓灵　摄）

突然想起了徐志摩《再别康桥》里的句子。

　　那河畔的金柳
　　是夕阳中的新娘
　　波光里的艳影
　　在我心头荡漾

在合作的柔波里，我也愿意做一条水草。

晚上9点，依然还是选题讨论会。这一天，学生们的采访之路也是喜忧参半。

忧的是，我们在时间节点上遇到了麻烦，可以说来得很不巧啊。这两天正好是合作的香浪节，几乎所有的机关单位都放假了，根本就找不到要采访的人。周子洋组关于甘南乳业创新发展的稿子需要采访政府机构、发改委和食品卫生局，都找不到人。因为我们在合作的时间有限，所以采访就很难圆满。另外，王玥组做藏医的稿子，想采访卫生局领导，但是领导上兰州了，也采访不了。

看来，重走有限的时间安排限制了我们的采访，这也是没有办法的事情。

喜的是，尽管遇到了各种困难，但是学生们还是有不少斩获，有时候真是的意外之喜。玉鑫、开心和轩之组要做女寺的选题，本来想去采访宗教局、文化局的相关领导，但是香浪节放假，她们没有采访到。不过，她们没有放弃，直接去了女寺，恰逢女寺在做香浪节庆。在庆典现场，她们非常幸运地遇到了女寺活佛，受到了热情接待。活佛请她们坐到她的旁边，请她们吃瓜子、油饼，喝饮料。最后还送她们一人一瓶饮料，邀请她们晚上吃烤全羊。不过，考虑到晚上还要去新农村采访，她们就婉言谢绝了。

女寺活佛给她们讲了女寺的基本情况。活佛戏称自己是"扶贫办主任"，要负责寺里僧人的饮食起居，还要负责她们的经济和养老。活佛说，寺里的僧人有老、中、青三代，她们只有150元的国家基本工资，外加54.5元的低保，女寺又没有香火箱，所以女僧们的生活也有困难。

她们还采到了女僧们丰富多彩的生活场景，给我们揭开了女僧这个特殊群体的神秘面纱。照片中，这几个女僧或微笑，或沉思，或凝视；或沉静，或稚气，或活泼。那神情质朴自然，耐人寻味。

另外一组是张铠蓝、刘继衡和马佳鑫。他们还是去了九层佛阁，在那里他们遇到了一个50多岁的老喇嘛，了解了他的生活。老喇嘛的苹果手机、手机订饭都让他们吃惊不小。马佳鑫还遇到了一个让他记忆深刻的事情，那就是无人机的失而复得。他将学院的无人机不小心落在了出租车的后备厢里，最后警察通过调阅监控视频顺利找了回来。他说："那个警察姐姐真好！"

还有一些同学也有一些收获，但是学生们的这些收获似乎不足以支撑一个圆满的新闻稿。所以，学生们都有点儿发愁，郁闷依然还是笼罩着大家。

听了学生们的汇报，我再一次鼓励学生，合作作为第一站往往就是

合作女僧（张玉鑫 摄）

遭遇挫折、调整心态的一站。我们会有一些收获，但突破自我，深入采访，调整选题和采访思路，都是我们要面对的重要事情。我们告诉学生，不要沮丧，整理采访资料，争取在夏河有所突破，有大的收获。

维民也说了自己的观点。第一，如果没有直接性资料，可以寻找替代性资料；第二，选题实在不行的话，要果断换选题；第三，要重视新闻价值相关理论的思考，注意将所学理论应用到采访实践当中去。

学生们听得很认真，也谈自己的想法，气氛非常热烈。

我明显地感觉到，学生们在不断遇挫的过程中，逐步加深了对社会的理解，在慢慢成长，逐步成熟。我同情他们的遭遇，但也为他们而暗暗高兴。

散会后，躺在床上，回想这三天的经历，很是感慨。刚开始最为抗拒的青旅住宿，让我如此切近地看到了这些学生的采访历程和内心世界，一些不便和委屈因此荡然无存。同时，这也让三天的时光弥足珍贵，值得回味。最抗拒的变成了最难忘的经历，这是多么奇妙的变化！是什么催生了如此奇妙的变化呢？学生，当然是学生，是他们生机勃勃、年轻的生命。为此，我要感谢玉鑫几个预订房间的宝宝们。

我翻看着学生的微信，那些五彩缤纷的照片，让我看到了不一样的合作，信仰的合作，日常的合作，原生态的合作。

信仰合作·磕长头（王玥　摄）

信仰合作·读经堂（李晓灵　摄）

◆◆ 重走与新知

日常合作·登高远眺（李晓灵　摄）

日常合作·残疾乞讨者（李晓灵　摄）

　　合作最后的月光洒在我身上，我的内心翻腾不已，这是合作的七月之夜。

　　七月
　　合作的午夜
　　此起彼伏的鼾声

原生态合作·香猪和狗（李晓灵　摄）

原生态合作·我俩是兄弟（李晓灵　摄）

遮盖了远处静默的草原
以及寺院风铃寂寞的声响

午后
我坐在九层佛阁的对面
一把小凳

一碗发酵灵魂的酸奶

风从远处吹来

由海奔向天堂

太阳炙热如火

照我在世界的端口

正在修建的寺院屋顶

脸色黝黑的师傅

叮叮当当地敲打着翘起的屋檐

笑着向我招手

他的手建造着神佛的殿

向我献上尘土般的笑

合作

没有了白天

所有的灵魂都睡觉

所有的云彩都沉默

世界却失眠

二　成长夏河

第四天（7月24日）：夏河拉卜楞

7月24日，是我们离开合作，去往夏河的时间。学生们早早起了床，收拾的收拾，吃早饭的吃早饭，佳鑫和王耀军去车站订车买票。

9点，我们都收拾妥当，陆续离开这个同吃同住了三天的云松青旅。离开时，还真有点儿留恋。

合作到夏河的路上，风和日丽，白云飘飘，风景如画。我们拍照的速度始终超不过大巴的速度。

中午，我们抵达夏河，学生们预订的还是一个青旅，几个人合住一个房间。好的是每个人可以有一张独立的单人床，住宿条件将得到很大改善。但分来分去，房间就是不够，多出来两个男生和两个女生，而且只有一个房间了。想来想去也找不到一个好的解决办法，最后，玉鑫转过头，无奈地对我说："老师，只有请你们到外面单住宾馆了，我和轩之再和其他旅客拼房。"

"没事，只要你们住下了，我和张老师到外面住没有问题。"我说。看他们住下之后，我和维民背着行李走了出来。

轩之送我们出了青旅的大门，嘴里嘀咕着对我们说："李老师，你俩跟着我们其实也挺倒霉的。合作住宿给我们当门神，吃饭想喝酒被我们否决，夏河住宿又被我们赶了出去！"

我说："那有什么办法？出来就是这样，我们不受委屈，就得你们受委屈。我们是老师啊，我们不担当，谁担当？"

7月正是夏河的旅游旺季，住宿价格奇高，很少有空房。我和维民找了一大圈，才在玖盛国际饭店住了下来。房间环境不错，我们终于有一张舒服的大床，可以随意翻滚，无所顾忌了。我们也可以自由地洗澡了。但是远离了学生，多少有点寂寞和冷清。

下午学生们还是四散开去采访，我则顶着烈日来到了拉卜楞寺。

沿着2015年走过的路线，我进入了雄伟神秘的拉卜楞寺。拉卜楞寺依然殿堂逶迤，经幡飘扬，那种煨桑的熟悉味道令人有一种如梦如幻的感觉。我穿过一个个殿堂，仿佛穿过久远的历史。我路过一个个转寺的藏民，好似路过一个个找寻的灵魂。

在拉卜楞的外围和前方，都是气势轩昂的藏传佛教殿堂，庄严肃穆，金碧辉煌，也是游人信徒最为集中的地方。穿过这些区域，在拉卜楞的最深处，有一大片连在一起的土木院落。它们高高低低，歪歪斜斜，曲曲折折，土黄色的泥墙低矮质朴，狭窄的巷道逶迤相通。这里苍凉沉静，寂寥冷落，和前面的辉煌殿堂形成了鲜明对比，仿佛是佛国遗世独立的玄远之境。

这里是拉卜楞的僧舍，是喇嘛们日常饮食起居的地方，是拉卜楞深处的世俗世界。

僧房：拉卜楞的另一个世界（李晓灵 摄）

我穿行在这些狭窄漫长的巷道里，手摸着粗糙而质朴的泥墙墙壁，如同漫步在梵文淡然悠远的经卷里。基督教是通俗明达、积极入世的，而佛教则是恬淡玄远、超越出世的。这意味着佛教世界与庸俗人生的悄然隔离，与世俗世界的隔水相望。但是，在这里，仿佛有一种别样的东西。如果剥去了拉卜楞前面的那些殿堂，这些院落似乎和民间的一般房舍没有多少区别。可是，你不能否认，这也是拉卜楞重要的一部分，它是高远的佛国和庸常世界的联结点。它巷道幽深，白云在天，偶尔也会有年轻的喇嘛穿着红色的僧袍匆匆而过，甚至还会有嬉戏玩耍、踢足球的小喇嘛。他们那种无所拘束、又叫又笑的样子，几乎让人忘了他们是不食人间烟火的喇嘛。率真，贪玩，调皮，甚至是捣蛋，这让他们身上显示出来自尘世的本真人性。佛性下沉了，人性上升了，佛国隐退了，世俗现身了。这也许也是拉卜楞深刻的一面，它心向佛国，同时又俯察世间。它在呈现灵魂国度的同时，也没有忘了温热的世俗关切。唯其如此，拉卜楞才是甘南永远的拉卜楞。你来与不来，它都在那里。

拉卜楞寺踢足球的小喇嘛（王玥　摄）

　　回来的路上，在离玖盛国际饭店不远处的街道，不意遇见了一个夏河藏靴店。

　　这是一个只有一间的临街小店，极其平常。店主人是一位穆斯林男子，三四十岁，坐在里面用心地在纳鞋底。藏靴的鞋底很厚，他有点吃力，做得小心翼翼。我问他怎么学的这手艺。他不抬头，一边飞针走线，一边说："祖辈流传下来的手艺，不能丢啊。"我很纳闷，藏族人的藏靴为什么会由穆斯林来做？他笑着说："这活儿苦，他们不愿做。这活也得讲技术，他们有些人做不来，所以就别人做了。汉族人做，穆斯林也做，左右就是赚钱养家嘛。"

　　我问他生意怎么样。他叹了一口气说："这藏靴硬，只有喇嘛穿。现在好些喇嘛也不穿了，他们更喜欢运动鞋。穿得人少了，生意就越来越难做了。这藏靴迟早要退出市场，我们也是做到什么时候，就算什么时候。"说完，他抬头冲我憨厚地笑了笑，然后又低下头，弯着背，做自己手里的活儿。

　　我抬起头，看到他做的藏靴都挂在屋顶上，一排排就像带着久远历史的艺术品，但为什么就要退出历史的舞台呢？难道这会是藏靴的宿命？

　　我注视着那藏靴，那靴面黑色凝重，靴筒长而挺拔，靴底结实厚重。我不由得想起了古代征战沙场的将士，如此结实的藏靴一定可以

藏靴：越来越难走的路（李晓灵　摄）

支撑他们长途跋涉，殊死鏖战；我又想到了行走天下、朝拜修行的行者，穿上这靴子，一定可以踏雪走冰，爬山过河。莫非当年西行的玄奘走过西部的时候，穿的就是这藏靴？

这是朝圣者的靴子，这是行走者的靴子，这是属于西部高原藏人的靴子。它意味着坚韧、执着、灵修和生命，以及厚重的历史。藏人苍茫的历史，中国人苦难深重的历史，也许就藏在这靴底密密麻麻的针脚里。

而如今，这藏靴被一步步逼到了这个狭小的街角小店里，甚至被悬空挂在屋顶上，它们面临着的是渐渐退却、悬置甚至消失的命运。

如此精美的工艺，如此厚重的历史，如何才能让它青春永存？这将是一个现实且紧迫的问题，它关涉一个民族的文化，一个民族的历史。

藏靴，越来越难走的路，让我们为它而祈祷。

晚上的讨论会是在学生们入住的青旅开的，我和维民穿过广场，在街道旁边的小巷里穿行了好长时间才到。

这一天下午，学生们的选题都得到了不同程度的推进。

王玥继续深入她的藏药选题，她开始关注藏药的现代化企业推广，藏药公司就是一个端口，而奇正藏药就是一个很好的典范。李芙蓉组注意到了藏区语言的特殊性，尤其是藏语和汉语在现代化过程中的状况。她说，她发现有一些藏民（尤其是孩子）已经不会说藏语，也不会写藏文，不会使用本民族语言的人多少预示着一种危机的客观存在。所以她想考察藏语在现代化语境下的传播，窥视藏民族语言文化的历史传承状况。

玉鑫、开心和轩之一组去了桑科乡，找到了他们的副乡长，了解了桑科乡精准扶贫的状况。她们了解到，桑科乡的精准扶贫，除了经济扶贫，也强调精神扶贫和文化扶贫。国家在这里其实有很大的扶贫投入，但是具体实施过程中问题较多，比如扶贫户的确定，扶贫资金的发放和使用，扶贫的追踪和持续跟进，等等。

她们还采到了一个藏族巴桑大叔的励志故事，很是感人。这位巴桑大叔先后向亲友借款71万元，投资致富，但后来遇到了困难，生意亏本，投资全部给赔掉了。换句话说，背负71万元巨额债务的巴桑大叔破产了。按照藏族人的规则，如果你破产了，钱还不上了，你要把人们找到你家里去，将自己的资产如实告诉大家，让大家任意挑选，直到什么都不剩。这样，还不了的债务也不用再还，一笔勾销。巴桑大叔也这样做了，最后巴桑就真的什么都没有了。看到巴桑大叔的困境，政府站了出来，给他盖房，捐助了2万元。同时，那些亲戚朋友你给一头牛，我给一只羊，纷纷解囊相助。没有多长时间，巴桑大叔就有了30多头牛羊。多么奇特的民族！只要你显示了足够的诚实，并且完全地担当，那么他们先拿走你的一点儿东西抵债，然后再反过来帮助你。抵债是抵债，帮助是帮助，先抵债，后帮助，多么简约的逻辑！诚实，互助，爽朗，就是这个民族最大的特点，就像金子一样闪闪发光。

尽管如此，巴桑大叔还是很窘迫，他想东山再起，又找不到好的办法。轩之说："其实我们心里挺难受的，巴桑大叔对我们报了那么大的期望，可是我们知道，我们什么都做不了。我们现在还想起巴桑渴望的眼神。"

学生们听了之后，有的感叹，有的叹息，好多事情对学生来说，真是空有感慨而已。

重走与新知

坚韧的巴桑大叔（马佳鑫　摄）

之后，继衡一组第一句话就热爆了全场。"其实，我们今天可惨了！"他们转了半天，似乎没有找到理想的新闻。其间，他们遇到了一个画家，是个中学老师，在拉卜楞寺写生。有一个游客在他的画卷里找到了自己的家乡，禁不住惊呼："哇，你画的是我们家！"

他们也想采访夏河民宿的发展现状，但有难度。

子洋一组还是在做乳业的选题。她们今天了解了当地的乳业合作社，尤其注意到了牦牛奶的开发和研制，前景很好，但是资金、设备和技术方面的难题也不少。她们将继续跟进。

其他同学也各有收获。

夏河这半天，尽管依然有很多困难，但是学生们开始逐步摆脱了不自信和迷惘，悲观的气息开始逐步消散，代之而来的是自信和勇气，以及迎难而上的信念。同时，采访的技巧和线路也开始逐步走出摇摆。

总之，学生们的进步是显而易见的。

维民就此做了点评。维民有一句话非常经典。他说，对我们而言，"每一天都是新的开始"。他强调，采访要有现场感。

我们普遍的感觉是，学生们求胜心切，渴望做大稿，忽略了小稿。我鼓励大家，要有信心，有困难要努力上进。

学生们七嘴八舌，一股兴奋的气息在人群中飘荡。

走出青旅，夏河的夜空繁星点点，清新明丽。我们的心情有点儿兴奋，脚步也快了起来。

第五天（7月25日）：暴雨夏河

7月25日，这是第五日。早晨起来，透过窗纱，我看到了夏河明媚的阳光。那些修建在山坡上的房屋绿树掩映，鳞次栉比，晨光下显得格外宁静，宛如一幅重彩工笔画。心里不断在想，如果我有一支画笔，我一定要把这世间的美景画下来。

我们的行程已经快半了，心里却突然生出一种懈怠来。我不想走了，今天我要在房子里，拉着窗帘，想象外面的风和日丽，草长莺飞。我要端一杯茶，坐在厚厚的地毯上，看一部电影，看我带着的书，看菲利普·津多巴的《路西法效应——好人是如何变成恶魔的》。让学生去跑吧，我觉得我好像一直奔跑的阿甘，跑着跑着，突然就不想跑了，想休息，想回家。人啊，就是这样奇怪。

维民起来洗漱了之后，去和子洋组采访藏族人家。我打开电影频道，一会儿靠着床坐在地毯上，一会儿躺在床上；一会儿看看《路西法效应——好人是如何变成恶魔的》，一会儿看看希区柯克的电影《西北偏北》；一会儿遥控一下学生们，一会儿酣然大睡。好不惬意！

有时候，人必须得停下来一会儿，和世界拉开一段距离。所以上帝创造世界，做了六天的工，就停下来安息了。圣经告诫人们，"你要向天观看，瞻仰那高于你的穹苍"。越是心目中最美好的景色，越是不要去看，最美的景色不在眼睛里，在心里，在诗里。王国维美学里所谓的"隔"与"不隔"，也就是这个道理。

我好似是为我的偷懒找了一个美妙的借口。

下午，4点多的时候，外面乌云翻滚，雷电交加，然后就是瓢泼大雨。不一会儿，对面原来干涸的河道就已洪水滚滚了，旁边的路上水也越来越大。我开始焦虑，担心学生们是不是在路上，会遇到什么问题，急忙打电话一路问将过去。幸好，学生们回来的回来，避雨的避雨，都没有什么危险，心里才长长出了一口气。带学生出来，好似又当爹又当妈，真是胆战心惊！

雨后的夏河更加柔媚，我们在夏河会餐，会餐桌上，我们开了一个简短的会。

开心说了她和玉鑫、轩之组的精准扶贫选题推进情况。她们除了继续追71万元债务的巴桑大叔，还找到了桑科乡负责精准扶贫的干事。这位干事说了桑科乡作为藏区精准扶贫的实际情况。藏民传统一直都是以游牧为生，现在他们逐步开始由政府安排过定居的生活，实行自筹和政府补贴的办法。可是，有好多人不习惯定居的生活，不习惯上定居的那种厕所，所以不愿意搬迁。同时，藏区文盲率高，文化水平有限，这也制约着藏区的发展。现在，国家对藏区发展提出了建设生态文明小康村的新农村规划，同时加大文化扶贫力度，政府补贴，统一规划，应该说成效还是非常明显的。搬迁的藏民建造一院房子需要12万元，光一个藏式门楼就要万把块钱，经济状况好一点的家庭自己出一万元，困难一点的家庭自己出六千元，其余全都由国家行政补贴。多好的政策！可是，落实的过程中还是遇到了问题。有一些藏民拿到了国家补贴，拿着钱或吃喝，或干其他事情，不久钱就没有了，房子却没有建。为了阻止这种状况，政府想了一个办法，给每户建了一个专门账户，政府管理，建房子才能支取使用。想得多么周到啊！看来，藏区扶贫真是难，各种状况需要精心应对才是。

王玥一组去了桑科草原，玩得很开心，但她们也发现，桑科的商业开发越来越厉害，草原退化也很厉害。如何平衡，确乎是一个棘手的问题。

继衡一组去了当地的京东展览馆，没想到夏河的电商也有这样的发展，实在是意外。京东展览馆里有线下体验、线上销售和大学生创业区，他们想把民俗与京东结合起来，确实很有创意，前景不错。不过，这些规划似乎还是在起始阶段，概念多于实践。

继衡一组还按照我的建议，追了藏靴店。"藏靴：越来越难走的路"，这是我给他们的题目。他们发现藏靴一般实行学徒制，不但难做,而且技术面临着失传的危险。做藏靴的人大多都在45岁以上,年轻人很少,而且职业病也很多。人们觉得藏靴穿着不舒服,穿的人越来越少了。总的来说,藏靴的处境越来越难了,这是令人很忧心的事。

最后一组是周子洋一组,子洋和魏煦然、朵开丽等几个女孩子与维民同行,把维民当成了护花使者。他们一路去了收奶站,这是乳业的中间环节,一方面连着企业,另一方面连着奶农,应该说至关重要。他们了解到,这里除了牛奶之外,曲拉现在变成了新的增长点。曲拉是由牧民打酥油时剩下的部分加工而成的,干酪素是其主要组成部分。以曲拉为原料制成的酪蛋白产品作为食品添加剂或品质改良剂被广泛应用于食品、医疗和化妆品等行业,是重要的食品和化工原料,具有广阔的市场前景。但是,曲拉只在我国乃至世界上吃酥油的少数民族才有,所以这就成了甘南牧区的特有资源。甘南乳业将在曲拉的生产和研制方面大有作为,用他们的话说,小曲拉有大作用。

另外,她们也采访了合作社的情况。合作社正在探索之中,有成功者,比如羊吉才让;也有失败者,比如韩师傅,失败之后,当起了出租车司机。这个问题实在复杂,一时难以分解,其中奥秘还需要她们进一步考察。

还有同学准备做唐卡。唐卡是个老话题,如何做出新意是关键。

学生们的选题在这一天里都有了实实在在的推进,他们也得到了可喜的收获。我和维民鼓励他们,继续,再继续。但同时我们也强调,要根据现有材料出稿再出稿,出稿是硬道理。

说到出稿,学生们又有了新的压力。王玥、蒋捷和高泽宇几个要做纪录片,对他们来说,路上出稿子几乎是不可能的事,王玥向我解释这一情况的特殊性。我告诉他们,视频出不了,可以先出文字稿,出图片新闻,出小稿子。

短会之后,饭菜上来了,谁都抵不过美食的诱惑,我们敞开肚皮大吃了一顿。虽然不是山珍海味,但我们觉得真是美味无比。

饭后，维民回酒店了，学生邀请我去青旅和她们玩"狼人杀"，我欣然允诺，就在青旅的大厅里和她们乱"杀"了一番。走出青旅，穿过弯弯曲曲的巷道，我来到了夏河的街道。

我在街边的烤肉店要了一盘烤肉，两罐啤酒，坐在路边大吃大喝。

此时，已经是午夜时分，夏河的夜非常宁静，下着雨，街道宽阔而寂寥，路灯昏暗而温柔，宛如瞌睡人的眼。街道上有几个喝醉了的藏人拿着酒瓶，互相扶持着，歪歪斜斜走了上来，一边走，一边还忘情地喊叫。

夏河是个盛产故事的地方，丝丝柔柔的细雨，仿佛涂写着故事里的动人章节。在这样的夜晚，酒、女人、爱情和诗似乎是必不可少的。没有爱情和女人，但我有酒，诗也一定要有。李白说，"自古圣贤皆寂寞，惟有饮者留其名"。所以李白才可以对月独酌，然后飘然起舞，狂啸长吟。"举杯邀明月，对影成三人。""我歌月徘徊，我舞影零乱。"多么欢乐！"醒时同交欢，醉后各分散"，又是何等惆怅！

在夏河，感伤是一样的，寂寞也是一样的。

　　夏河的街道是直的
　　夜是暧昧的
　　路上落满了羞涩的雨点
　　喝醉了的人踉跄着
　　吆三喝四

　　夏河在夜色中踟蹰
　　黑暗中
　　那一张湿漉漉的脸

　　猫
　　弓着腰梦一般走过

眼睛发出蓝色的光

走过
祈祷太阳不要升起
让夏河永远安睡
直到魂灵出窍

第六天（7月26日）：桑科温暖一家人

　　这一天早上，我们在夏河的街道上转了转。七八月是夏河的旅游旺季，来自全国四面八方的人在夏河纳凉避暑。夏河虽不大，却充满了浪漫色彩。走在夏河宽阔平直的街道，每一个角落都有故事。这里不光有中国人，也有不少外国人的身影，我们就在街上见到了一群背着大大小小行囊的外国美女。

　　下午，维民说他要到一个藏村去做访谈，我也好奇，就陪他去了。那个村子叫录堂村，在拉卜楞寺边上。由于语言不通，我们一会儿左，一会儿右，就是找不到这个村子。不过，我们走过的村子也有浓郁的藏族风格，到处是憨厚的气息。我发现，有好多藏民拿着手机，要么匆匆走过，要么坐在路旁的摊位上，悠闲地做着生意。显然，他们听不大懂我们的话，我们也听不大懂他们的话。每每此时，他们都会憨厚地一笑，以此表达歉意。

藏村侧影（李晓灵　摄）

拉卜楞寺旁边的河水清澈透明，无声无息，缓缓流向远方。这藏村飘扬着超越的经幡，偶尔会有青烟袅袅升起，煨桑的香味轻轻飘来，丝丝缕缕，若有若无。人们安静地生活在这里，左右都像一首藏族高原式的田园牧歌。

我颇有感慨，在微信上写下了一段话：

> 这个民族生活在这里，这里被想象为远离都市的净土，是有着奶茶、酥油和佛教的天堂。他们超然地生活，像这河，这云，这寺。然而，他们也是纠结的，手机是他们链接外部世界的通道。他们看，也被看，他们有着被看和围观的焦虑，拒斥便成为一种可以理解的选择。
>
> 他们想说，想向世界表达，但同时又深深陷入言说的困惑，进而成为静默的失语者。
>
> 有时候，他们被神化。有时候，他们被刻板，被简化，被符号化。有时候，他们又被异化，异化成为不可理解的他者。
>
> 有时候，他们是被官方小心呵护的子民；有时候，他们是深处高原的疑虑者；有时候，他们又是纵马草原的不安者。
>
> 他们被笼罩在传统和现代、宗教和世俗、规训和惩罚的宿命中。

最终我们还是没有找到录堂村，颇有点儿寻隐者不遇的感觉。难道这是一个不可阐释的隐喻？

我选择了放弃和离开，维民继续。

我想到了2015年在桑科邂逅的藏族新农村——桑科村，为什么不去看看呢？看看那两个小姑娘，重访桑科村，说不定会有意外的收获。

在田野考察的研究方法里，跟踪重访，长时段地观察体验，是必不可少的研究路径。

我给继衡打电话，他们欣然应诺，不一会儿就打了一辆车来了，来的人有继衡、佳鑫、媛媛和康杰。出租车司机是位藏族大哥，非常豪爽，他给我们一路详细地介绍着桑科的风土人情和藏族人的生活特征。不一会儿，我们就到了桑科村。出租车司机师傅告诉我们，桑科村后面就是新建的甘肃佛学院，可以去看看。早先有一组去了这里，但被拒绝，没有让她们进去。这一次有了出租车司机师傅，我们顺利地进入了佛学院，而且被允许可以航拍。佛学院修得非常漂亮，我们的无人机在上空盘旋航拍，佳鑫还特意拉到了外面不远处的桑科村，真是人未到，航拍先到，先睹为快啊！佳鑫一个劲儿地喊："哇！太漂亮了！太爽了！"

来到桑科村的时候，已经是五点多了。司机师傅说，他在村口等着，让我们进去。

在村口，我们遇到了一个漂亮的藏族小姑娘，名字叫索南昂毛。小姑娘大大的眼睛，清澈的眸子，高原一般秀美的脸蛋，自然卷曲的头发梳成一个马尾，利落地甩在脑后。她的头上戴着一个白色棒球帽，身上穿着略显褪色的防晒服。她告诉我们，她认识2015年我们在这里见到过的旦正吉和道吉草，她可以领我们去。

漂亮的索南昂毛（马佳鑫　摄）

顺着藏族新农村村头的路，我们一路走了下去，我竟然还能认出2015年采访过的藏族新婚女子的家门，只是她们家的门是锁着的。拐过村头的路，我一眼就认出了旦正吉家的门楼。那门楼还是那么挺拔高昂，门楼顶上的风轮也还在，门楼旁边的墙根摆着长长一溜儿晒干的牛粪。这一次，旦正吉家的门也是锁着的，索南昂毛说她们去了牧场，道吉草也找不到。这让人多少有些失落，有些怅然。

旦正吉家的门锁着（李晓灵　摄）

最后我们来到了索南昂毛家。索南昂毛家正在修建门楼，修了一半多的墙边堆着木料和砖瓦等建筑材料，正房修建得也不错。不过，看得出来应该有几年了。索南昂毛的爷爷罗藏才旦正坐在正房门厅的椅子上和人说话，见我们进来，站起来笑着和我们握手问好，并让我们围着桌子坐下来。我替我们小组做了自我介绍，罗藏才旦憨厚地笑着，不住点头，嘴里连声说："耶，耶，耶！欧耶！"但是，他的话，我们听不懂，我们的话，他听不懂，只有请索南昂毛当翻译了。

说起自家的新房，罗藏才旦还是掩饰不住自豪。他说，由于牧区缺少水电，离乡政府比较远，孩子上学和老人看病都不方便，所以政府就实施了搬迁定居政策。他们的这院房子就是 2003 年政府出资 20000 元，一共花费 23000 元建造起来的，房子建得不错，他们也很高兴。

当我们问到精准扶贫和藏区新农村建设的情况时，罗藏才旦打开了话匣子。罗藏才旦曾经当过村干部，对这里的情况比较熟悉。他说，国家对藏区的政策那真是好得不得了，给他们出钱建房子，造价12万元的房子自己出的钱不超过1万元。其中，经济好的家庭出1万元，困难一点的家庭出6千元，这么好的政策哪里找去？但是他们还是有不满意的地方，因为在具体落实的过程中有贪污，另外也有具体分配的问题。比如说，他们村算得上贫困标准的人家有20多户，但贫困户只能有2个名额，那大多数就享受不了贫困户的政策了。此外，标准问题也让他们有些困惑。比如贫困户的标准是人均收入2000元，那么1900多元的人家可以享受，2000元到2100元的人家就不能享受了。其实，2100元和1900多元之间也就是一两百元的差距，没有多大差别，所以一刀切不好，不符合实际情况。我和学生对这些其实没有多少概念，也不知道究竟该如何看待这些问题。但有一点，国家政策是好的，但政策落实也存在问题，有按照实际情况不断改进的空间。

罗藏才旦讲述他们的生活（马佳鑫　摄）

索南昂毛也介绍了她们的家庭。这是一个特殊的大家庭，一共有10口人。爷爷奶奶，爸爸妈妈，四个女孩子。索南昂毛是老二，大姐和她读初二，下半年就要上初三了。三妹在小学五年级，最小的四妹还很小，没有上学。她们家还有两个特殊的成员，是两个男孩子，他们是索南昂毛姑姑的孩子。姑父去世了，姑姑后来又再婚，姑姑的两个儿子就留在外爷家，和舅舅、舅母、表姐妹们一起生活了，其艰难程度可想而知。

我开玩笑问罗藏才旦，这么多的孙子，最疼哪一个？罗藏才旦显然没有料到会有这个问题，他下意识地回头看了看索南昂毛，憨直地笑着说："我最心疼老大和最小的一个。"我们都不约而同地看了一下排行老二的索南昂毛，索南昂毛只是低下头，腼腆地笑了笑。我们都被逗得大笑，罗藏才旦和索南昂毛也笑，房子里立时充满了欢快而轻松的气氛。

这时，门外突然响起了摩托车的轰鸣声，原来是索南昂毛的表哥旦正杰回来了。旦正杰看到我们，非常热情地和我们握手问好。旦正杰是个特别帅气的小伙子，敦实的身体，大大的眼睛，满脸都是憨厚的笑脸。他现在已经是甘肃中医药大学藏医学院的大三学生了。他汉语不错，我们的交流基本没有什么问题。他告诉我们，他喜欢运动，特别喜欢踢足球，说着就兴高采烈地拿出他们获得的奖杯的照片和在西北民大等处踢球的照片，一个个指给我们看。照片上的旦正杰英俊开朗，满脸阳光。

之后，他又领我们进去参观他们的房子，看他们的佛阁，也分享他们的宗教观、民族观和文化观。旦正杰家的佛堂不大，但金碧辉煌，很是庄严。佛龛旁边挂着六幅唐卡，其中有两幅色彩斑驳，苍劲古朴，据说已经有500多年的历史了。这可是他们家祖上流传下来的传家宝啊。

从旦正杰身上，我们可以看到新一代藏人的影子。新一代的藏族年轻人更加开放、达观，他们爱自己的国家，爱自己的民族，也希望能有美好的未来和幸福的生活。

旦正杰很懂事，他一有机会就出去找事干，勤工俭学，减轻家庭负担。有空的时候，他也帮家里干活。"我特别感谢阿爸（当地对外公的一种特殊称呼）一家，是他们收留了我和弟弟，把我们从小养这么大，还供我上学，学知识。我现在上了大学了，我要好好努力，以后挣钱报答他们。工作了，我要好好照顾阿爸一家人。"旦正杰的话，就像草原的阳光一样温暖而爽朗。他的眼神充满了希望的火花和坚毅的神情，相信他一定能实现自己的希望，将责任、理想和爱一并担起。

就在我们说话的时候，索南昂毛的妈妈回来了。她穿着藏袍，挂着佛珠，戴着口罩，后背背着索南昂毛最小的妹妹。她有点儿局促，有点儿害羞，和我们简单打了招呼之后，就进厨房准备晚饭了。

后来，爷爷罗藏才旦让旦正杰告诉我们，我们是他们家的贵客，晚上不要走了，就在他们家和他们一起吃他家的羊肉。我的心头一热，赶紧告诉他们，谢谢他们的盛情，天已经晚了，司机还在外面等着，我们还是要早点回去，有机会以后再吃饭。我问爷爷罗藏才旦，我们可不可以一起合影留念？爷爷罗藏才旦听见我们不能在他家吃饭，有点遗憾，但还是爽快地答应了我们合影的要求。

于是，我和爷爷罗藏才旦在中间，索南昂毛的妈妈抱着最小的女儿坐在了罗藏才旦的旁边，其他人依次排开。随着佳鑫的召唤，大家齐声喊道："茄子！""咔嚓"一声，我们的桑科一家人的采访就此定格并作结。

走出索南昂毛家时，天已经黑了下来。我们的车慢慢启动，透过车窗，依然能看到索南昂毛一家人招手的身影。

回来的路上，学生们七嘴八舌说着自己一天的采访感受，我的心也久久不能平静。我的眼前闪动着索南昂毛一家人的笑脸，我的肩上还留着爷爷罗藏才旦手掌的温热。照相的时候，罗藏才旦突然用宽大的手掌搂住了我的肩膀，那手掌那么厚实，那么有力，我的心被再一

桑科幸福一家人（马佳鑫 摄）

次深深感动了。原来，尽管语言不通，但我们也是可以沟通的。不管有多大的阻隔，只要真诚，所有的山都是路，所有的河都有桥。

我也被他们一家的爱感动，是什么样的胸怀可以容纳两个孩子在自己的家庭，而且要抚养成人？我想，那一定是比桑科草原还要辽阔的心，这种抱团取暖的胸襟，是来自民族特性，还是人性的温度？我不知道。

回来的路上，旦正杰给我发来了一句微信。他说："有一种爱，叫一起过下去。"说得多好！有一种爱名叫一起过下去，这是多么朴素，又是多么温暖的道白啊！也许，这就是一切的答案。

离开桑科，回首望去，桑科显得宁静而悠远。真的，桑科是个让人留恋的地方，这是个盛产故事的地方，故事的主题关乎爱、人性和信仰。

晚上，选题讨论会照常举行。

周子洋和朵开丽一组继续在追甘南乳业，她们去了雪顿公司，她们发现雪顿的新产品还在包装推广中，并未正式投入运营。开心、轩之和玉鑫她们一组还在做桑科精准扶贫的采访。另外，她们和邱睦、王耀军又在做藏族新农村的采访。她们去了一个藏族新农村，那个新农村在走文化生态的路子，修得非常漂亮，非常现代，让他们很震撼。回来的时候，坐不上车，他们只能步行了。天很热，赤日炎炎，路上又没有树木遮掩，两个小时的路程让他们口干舌燥，狼狈不堪。

李芙蓉和贺欣羽一组在做藏族小孩子的稿子，大致会是个图片新闻，准备以生活和情趣取胜。

我们这一组还有个亮点，就是有两个医学专业的学生李倩蓉和贺欣羽。她俩从自己的专业兴趣出发，去考察了拉卜楞寺的藏医学院。她们惊讶地发现，拉卜楞寺藏医学院的学生学习周期很长，医学专业一般要25年才能毕业。同时，她们了解到，藏药虽然有神奇功效，但是开发并不好。当地卫生局的官员告诉她们，许多藏药不能大规模种植，市场也不好说，没有能够大规模生产。此外，藏药的出口也很有限制，主要靠拉卜楞寺周围的小诊所和藏医院。总体来说，藏药的开发和发展在一定程度上受到了现实情况的限制，开发、企业化生产和现代化营销必不可少。

继衡一组除了晚上和我们一起去桑科之外，他们受我的指派，去作了藏靴的采访，只是我说的那一家因为时间不巧，没有成功采访。

之后，我和维民作了总结。维民提出，学生们现有的选题应该有了一定的资料积累，那么写稿就是现在必须要考虑的问题了。他说，我们的写稿是一种新闻写作，不同于文学等其他类型的写作。我们要多多学习，照猫画虎，模仿学习，就是最简单的方法。他还强调，有了选题后要多采访。只有多采访，才会有资料。有了资料后，也还需要对资料进行适当的筛选和选择，以突出新闻价值。

我告诉学生，现在我们已经行程过半，写稿、出稿是当务之急。根据我们上一次的经验，合作是适应期和资料收集期，夏河则应该是出稿期。卓尼难出新闻，旧史多于新闻，加上学生后半程会有疲惫感，出稿速度会受到影响，扎尕那则更甚。

同时，我提醒大家，一定要修炼新闻写作的技巧，新闻讲求的是客观、真实、时效、中立、平衡和理性。我们一定要把一般的写作

（尤其是文学写作）和新闻写作区分开来。我们的稿子需要抒情，需要进行文学化表达，但是，秀文艺范儿的时候，一定要节制，再节制，冷静，再冷静。只有节制冷静，才会客观理性，才会更加契合新闻的本质。

最后，我们布置了第二天离开夏河、前往卓尼的事宜。散会时，已经晚上10点多了，我和维民踏着夏河的一街夜色回到了宾馆。

三　追忆卓尼

第七天（7月27日）：辗转卓尼

早上，8点30分我们就在夏河广场旁边集合，玉鑫预定的大巴车早就在那里等着我们了。车子开动，我们缓缓离开美丽的夏河，将要途经岷县、临潭，几经辗转，才能到达卓尼，真是路途漫漫啊。

离开夏河的时候，回首美丽宁静的夏河，平添了几分留恋和惆怅。再见，夏河！

一路上，有些地方绿树成荫，有些地方是广阔的草原，有些地方是村庄和县镇，白云飘飘，非常漂亮。大巴车有时候上山，有时候下坡，有时候在平坦的马路上疾驰。总体来说，一路的路况还是不错的。中间，我们在临潭稍事休息，然后继续向卓尼进发。

下午2点多，在5个多小时的车程之后，我们终于抵达卓尼，入住卓尼圣原大酒店。卓尼的住宿不错，我们两人一间，宽敞明亮，设施也不错。学生们终于可以有一个相对比较私密的空间了，可以自由洗澡，可以看看电视了。可怜的孩子们！

因为我们的人数是单数，房子最后有一间是要单人住的。我还是想和维民同住，这样热闹，还有人聊天。最后，还是高泽宇享用了这单间，好有福气的泽宇同学。

入住后，我们约定晚上在圣原大酒店的生态园聚餐，其余时间大家自由活动。

晚上，我们在圣原大酒店五楼的生态园聚餐，这个生态园装修得非常漂亮，花木掩映，小桥流水，饭菜也不错，学生们算是好好改善了一顿。吃完饭，我在生态园大厅里溜达，墙上的画吸引了我，我觉得这些画非常有生活气息，就拿着手机不断地拍照。这时候，我无意中认识了一个生态园里的服务员。她说，她是甘肃民族师范学院的大学生，在这里勤工俭学，她是纯正的三格毛藏族姑娘。我一听三格毛，马上兴奋了起来，我们不正想要了解一下神秘的三格毛文化吗？于是，我们约定方便的时候采访她。

这个三格毛美少女叫杨京燕。

勤工俭学的三格毛少女杨京燕（生态园服务员　摄）

这一天，我们没有开会，我们想让学生们彻底休息一下。这几天又跑新闻，又长途奔波，他们累了，需要休息了。

这一夜，我们是枕着酒店旁边的洮河水声睡去的，睡得好香，好甜。

第八天（7月28日）卓尼往事：杨土司、范长江和约瑟夫·洛克

7月28日的卓尼下着小雨，空气弥漫着甜淳清新的气息，天气有点凉。今天，我们的目标是是卓尼禅定寺和杨土司纪念馆。

禅定寺在圣原大酒店对面的山上，要去那里，首先要穿过酒店背后洮河上的一座吊桥。吊桥不宽，忽忽悠悠，来来往往的人却不少。过了吊桥，就要穿过卓尼的街道。卓尼的街道很整齐，路旁各种店铺也许是为了整齐美观吧，所有的门面装潢和广告牌都是一样的设计，一样的风格。也许，这也算是一种中国特色吧。不过，这样划一的设计对地方文化和广告的民族性、多样性以及创造性到底有什么好处？世界是丰富多彩的，为什么要千篇一律呢？

过了街道，拐过几个弯，就到了禅定寺。

风雨禅定寺（李晓灵　摄）

禅定寺位于卓尼西北处的高台上，寺院烟雨蒙蒙，云雾缭绕。站在禅定寺，卓尼县城尽收眼底，洮河浩浩汤汤，大有登高远眺，超越凡尘的味道。禅定寺始建于元朝，距今已有700年历史，比拉卜楞寺都要早415年，是甘南藏区仅次于拉卜楞寺的著名寺院。走进禅定寺，只见殿堂辉煌，庄严肃穆，我们一路走去，细雨薄雾，别有一番情趣。

我们在禅定寺天文馆遇到了一个年轻的喇嘛，他热情爽朗，普通话也非常流利。他向我详细介绍了禅定寺的历史文化，也说到了约瑟夫·洛克和大藏经的故事。我们还看到了木格里面用黄色绸缎包裹着的卓尼《大藏经》，那可是禅定寺的镇寺之宝啊。禅定寺还有佛学院，许多小喇嘛在那里学习生活。

走出禅定寺的时候，已经是10点多了。下山，拐弯，不远处就是杨土司革命纪念馆。杨土司革命纪念馆不大，藏身于拥挤的民居巷道之中，多少有点儿"昔日王谢堂前燕，飞入寻常百姓家"的味道。用时兴的话说，就是扎根群众，用佛家的话说，则是茫茫红尘。

卓尼杨土司纪念馆（来自百度网图）

我们到的时候，还是2015年的那位藏族老人替我们开的门。他把我们引进每一间陈列室，为我们开灯，讲解。老人70多岁了，佝偻着身子，厚重的国字脸，宽宽的额头，眼睛炯炯有神。他的嘴里念叨最多的就是杨土司、范长江和洛克（Joseph F. Rock）。

可以说，卓尼是我们重走活动的核心，也是重走活动灵魂的寄居地。卓尼象征着精神，隐喻着历史追忆和文化传承。在这里，三个重要的人物历史性地邂逅，留下了一段传奇，书写了一曲悲壮的歌。它关乎历史、民族和文化，它为中国新闻社会实践、汉藏民族关系以及东西文化交流留下了特殊的注解，并深深地烙上了卓尼的印记。

照片是凝固的记忆。当这三个历史人物的照片超越时空排列在一起的时候，透过历史的雾霭，我们依然能够读出他们的心音。杨积庆是卓尼土司，他神态凝重，庄重肃穆，似乎要为卓尼的山水代言。范长江身为《大公报》特约通讯员，年轻有为，意气风发，乃是要为战乱的中国寻找民族出路。而洛克则是地道的探险家和执着的人类学家，他受美国哈佛植物园园长查尔斯·萨根特的派遣，到中国西部收集植物兼考察阿尼玛卿山。他下巴微微上翘，有着鹰一般敏锐犀利的眼神，理性而坚毅。他有来自西方世界的孤傲，也有俯察中国的慈悲，更有

范长江(来自百度网图)

探险中国,为学术献身的情怀。他要踏遍中国西部的土地,探究人类学的奥秘。他心之所向的是科学和人类。

对卓尼而言,土司杨积庆是世袭的主人,范长江和洛克则是客人,是典型的匆匆过客。范长江从"东方巴黎"上海启程,后从成都出发,几经辗转,于1935年8月20日来到卓尼;洛克则是第二次自美国来中国,他也是上海出发,周转多地,在1925年4月抵达卓尼的洮河边。屈指一算,美籍奥地利人洛克的足迹踏进卓尼10年之后,四川内江人范长江才带着抗战的硝烟来到卓尼。在卓尼,洛克和范长江错过了整整10年有余,这是历史的错位。然而,因为卓尼的召唤,他们都来到了卓尼。当他们先后握住杨积庆宽大有力的手掌的时候,历史相通了。杨积庆用卓尼的神秘和藏族的热情将他们联结在一起,三个男人在卓尼如此传奇地相见了。

杨积庆（来自百度网图）

范长江和杨积庆在卓尼相遇时，范长江26岁，杨积庆46岁，杨积庆大范长江20岁，是地道的长者，地位相差悬殊，但两人俨然是忘年之交。而当洛克握住杨积庆的双手时，洛克41岁，杨积庆36岁，洛克大杨积庆5岁，两人几乎属于一代人，没有多大的年龄差距，但是一个中国，一个美国，文化差距似隔江海，可二人最后却义结金兰。

似乎什么都无法阻拦他们的交往和情谊，一切仿佛命中注定一般。

土地、民族和信仰伸开双手，容纳了新闻追求和家国情怀，拥抱了异国想象和科学追求。于是，看似边远自闭的卓尼焕发出迷人的光彩，将落后与求新，自闭与开放，荒蛮与开化，民族与世界一并托出，显示出前所未有的繁复和魅力。

深究之，就会发现，卓尼之所以如此大度和热诚地欢迎范长江和

约瑟夫·洛克(来自百度网图)

洛克,根本原因实际在于土司杨积庆。在卓尼,土司是集政权、神权、族权于一体的最高首领。土司制始于明朝,永乐十六年(1418)第一代土司献地投明,入京朝贡,接受分封。正德三年(1508)第五代土司旺秀进京朝拜,被赐姓杨洪。自此,卓尼土司以杨为姓,世代继承,并在康熙时因册封禅定寺建立了"兄为土司,弟为寺主"的制度,土司制自此更加完善。及其鼎盛时期,卓尼土司辖区包括今甘肃卓尼、迭部全境和舟曲及临潭部分地区,面积达35000平方千米。其时,卓尼土司辖领16掌尕、48旗并520族,共15000余户,近10万人。到杨积庆时,土司已经达十九代。换言之,杨积庆是卓尼第19代土司。他独掌政权和教权,政教合一,寓兵于民,可谓权高位重。这也许是范长江和洛克进入荒蛮的卓尼之后,必须要去拜见杨积庆的关键点。

范长江和洛克与杨积庆相晤甚欢的缘由有着另外一个重要因素,那就是杨积庆的求新、明达和对新事物的敏锐,以及对外在世界的开放接纳。

杨积庆幼习汉藏两文,爱好读报,关心时局。他十三岁时承袭土司之职,兼摄禅定寺护国禅师,并屡有建树。他曾因武装禁烟有功,受到当时北洋政府陆军总长段祺瑞的嘉奖。他喜欢新生事物,推广先进技术和文化,在卓尼架设了首部电话,组装了500瓦发电机,还创办了"卓尼高等小学"(即今天"柳林小学"的前身)。此外,他还在禅定寺创办了"卓尼喇嘛教义国文讲习所",如此等等。这些都为卓尼打开了一扇文化开化的窗户。

杨积庆还有一个为人赞叹的爱好,他虽为藏人,却对国外摄影技术颇为精通。范长江在《中国的西北角》中说:"据云已习照像二十余年。其摄影之成绩,以记者观之,恐非泛泛者所能望其项背。"他曾亲自为部下和部下的儿子合影冲洗,也为自己冲洗拼接照片,那简直就是卓尼版的美图秀秀。范长江曾因此感叹道:"记者颇惊此边陲蛮荒之中,竟有此摩登人物也。"可见杨积庆思维活跃,其求新图变的个性甚为突出。

正因为杨积庆的这种个性特征,当满怀家国抱负的范长江遇见杨积庆时,两人相见如故,交谈直至深夜。范长江在《中国的西北角》中这样描述杨积庆:"杨氏聪敏过人,幼习汉书,汉文汉语皆甚通畅。对于藏语反所知甚少。""杨氏未曾出甘肃境,但因经常读报,对国内政局,中日关系事件,知之甚详。"忧时愤世的范长江用自己的激情再一次点燃了杨积庆的家国情怀,他们置身甘肃,却心系祖国,这是一种情怀的相通。

10年之前的洛克对杨土司也有近似的印象。他在后来为美国《国家地理》杂志撰写的长达46页的《在卓尼喇嘛寺院的生活》(Life among the Lamas of Choni)一文中,对杨积庆有着生动的描写。洛克说,杨积庆血统半汉半藏,中等个子,修长,聪明,衣着时髦,是卓尼唯一穿着考究的人。"他对于外界有惊人的独到见解",虽足不出甘肃,但"眼界开阔,精明能干,掌握国内外的政治局势"。洛克和杨土司相通于开放通达的见解,实为眼界之通,文化之相容。

杨积庆的拼照（李晓灵 摄）

当然，犀利的范长江也看到了杨积庆的另外一面。他在《中国的西北角》中直言，"杨氏所处之社会，为牲畜到初期农业时代，而其生活之消费，则已至近代工商业鼎盛时期。生产与消费相差之时代，当以千年计"。所以"其入不敷出之差额，必异常巨大……惟其自己派人直接经营之土产贸易"。同时，范长江又说，杨积庆在"政治思想方面，杨之趋向，倾于接受汉族文化，承认汉族统治"，"而对甘肃省政府，与南京中央，则绝对服从，对胡宗南观念尤佳"。"惟其对藏人之统治，则采完全封建的，神权的方法，毫无近代有力的政治机构，更丝毫无民族主义之意识。"初生牛犊不怕虎的范长江以记者特有的勇敢进行了评判，"杨土司生于安乐，无发奋有为之雄图，虽其有为藏族前途努力之机会，亦视其自身是否善于利用之耳"。

可以看出，尽管有着身份和视角的不同，范长江和洛克对杨积庆的感觉却有着大致相似的地方，但范长江的看法更加独到，显得更加客观、全面和理性，这符合他作为一位优秀的专业主义报人的根本特质。

有一点是肯定的，通过卓尼的交往，他们实现了各自的欲求。范长江收获了新闻和糅杂在民族景观中的中国现实，洛克收获了甘南藏区文化和人类学的资料，杨积庆则存留了民族存亡的现实和西方文化的凝视。

1935年8月21日，范长江在卓尼做了一天的短暂停留后，离开卓尼，继续他的中国西北角考察。在他离开的时候，杨积庆"请为代办数事"，并依依惜别，颇为动情。范长江自述，"次日临去时，杨谓近十年来英美法人之至其辖区内调查者，已有二三十人，甚有在其家中住居一二年者，中国新闻记者之至其境者，尚以记者为第一人，言罢，不禁唏嘘"。

其实，杨积庆的感慨来自一种无法言说的酸涩。早在1923年、1924年，著名的瑞典考古学家、地质学家安特生就在洮河河畔发现了马家窑文化和寺洼文化，震惊世界。其后，1928年美国《国家地理》杂志又基于洛克的考察，对人文活化石之谓的卓尼土司王国进行了极富想象的描绘。一时之间，卓尼和甘南变成了西方探险和科考的理想之邦，成为充满神秘色彩和丰富资源的他者之域。一种甘南卓尼式的神秘东方想象深深地刺激着西方的神经，召唤着一批又一批西方考古学者和探险家争先恐后地来到甘南。于是，与之相关的"马家窑""洮河""卓尼"等地名就此翻山越海，宿命般地进入了国际视野，而中国却仍然在迟钝懵懂之中，对自己的国土步人后尘。这该是何等的感慨和悲凉！

相较于范长江的行色匆匆，洛克的行程显得从容而饶有趣味。

洛克在卓尼科考探险的时候，杨积庆一直派藏兵守护左右，有时候还会让人用轿子抬着洛克去考察。洛克聪明地利用了这一有利条件，详尽地考察了卓尼的风土人情和自然资源。同时，洛克还用西方人特有的身份特征和智慧，参与到卓尼的社会活动之中。洛克曾巧妙地调解马仲英的回民部属和杨积庆的藏军之间的矛盾，周旋于种种力量之中，表现了他独到的社会交往能力。

洛克对卓尼的一切都充满了好奇。洛克了解到当地过年时会跳一种神秘的骷髅舞，只有临潭侯家寺的僧人会跳，据说看的人当场都会有非常强烈的不适反应。洛克特别想看看，便拉杨土司一起去，土司起先拒绝，后经不住他的怂恿去了。但是，没看多久，杨积庆便脸色大变，先行离开。

而值得特别强调的当属卓尼版《大藏经》。

禅定寺内收藏着许多精美的佛像和数不清的经卷，其最为珍贵的是以《甘珠尔》和《丹珠尔》为代表的卓尼版《大藏经》。约瑟夫·洛克写道："卓尼版《大藏经》，雕刻精确，文字秀丽，历历在目，内容准确无误，独具风格，在藏文大藏经诸版本中可称善本之一……"最后，他为美国国会图书馆（The Library of Congress）购买了卓尼版《大藏经》，历经周折运回美国；数年后，卓尼《大藏经》木质雕版在禅定寺火灾中付之一炬，它便成了弥足珍贵的孤本。如今卓尼禅定寺中用黄色绸缎包裹着的《大藏经》就是后来去美国复制印刻而成的。

毫不夸张地说，精美绝伦的《大藏经》漂洋过海，安身美国，后又返归故里，用以续存佛脉，都是洛克之功。如果没有洛克，卓尼的《大藏经》被毁之后，卓尼版《大藏经》便会绝迹人间，甘南藏传佛教的这一经典即会变成历史的绝唱。从某种意义上讲，买走《大藏经》、后来被蒙上"文化间谍"色彩的洛克，最后却成了留存《大藏经》版本的人。这算不算是佛家笃信的一种机缘巧合，因果相袭？

洛克在卓尼还有一件被人称道的事情，那就是"洛克牡丹"的西方移植。洛克有一次发现了一种非常漂亮的牡丹，大为惊艳。这是一位老喇嘛从深山采回来之后，由杨土司亲手栽培而成的紫斑牡丹，花色美艳，芳香馥郁，堪称世间珍奇。洛克为之陶醉，就将种子寄回了哈佛，紫斑牡丹从此生根美国。而如今，这种牡丹在甘肃都极为少见，却在美国、加拿大、英国、瑞士等国到处开放，西方称之为"洛克牡丹"。

"洛克牡丹"作为一种符号，超越了政治、历史和宗教，甚至是文化的樊篱，以一种至为本真的自然力量，向世界凸显了一个名叫甘南卓尼的地方。从此，卓尼不单仅仅属于甘南，属于中国，它更属于世界。而这也是洛克作为人类学家的意义所在，也是洛克对卓尼的回馈和答谢。

1927年3月，洛克以卓尼为大本营的中国西北科考历时两年宣告结束。洛克随即告别杨积庆，离开卓尼。离开时，洛克带走了丰富的卓尼植物资源包括紫斑牡丹，还有足足装了92箱的《大藏经》。可以说，洛克的卓尼之旅丰富多彩，也收获颇丰。当他回首杨积庆护送他出境的藏兵时，内心的翻涌可想而知。

就这样，三个不同凡响的男人在卓尼相会，又在卓尼离别。之后，范长江继续他的西北考察，用拳拳之心写下了《中国的西北角》，名满天下，成为中国现当代新闻史上的巨擘。其中《大公报》上发表的《杨土司与西道堂》，向世人展现了一个现实版的卓尼土司世界。

洛克也继续着他的中国西部探险，他将关于卓尼的见闻著文陆续发回国内。1928年，洛克在美国《国家地理》杂志刊发了轰动西方的《在卓尼喇嘛寺院的生活》一文，全文洋洋洒洒，共46页之多，其中图片49幅，详细地介绍了卓尼大寺的建筑和各种法会。该文蜚声世界，被持续关注至今。

之后，洛克辗转到了云南丽江，痴迷于纳西族的人类学研究，开始集中精力研究纳西东巴仪式、经文、历史、语言、文化及文献资料。洛克其后三次离开中国，加上之前的三次，洛克进入并离开中国有六次之多。1943年洛克第四次离开中国时，带走了全部文献资料，其中包括8000册东巴经文。后来，洛克由于经济拮据，无法继续科考，故而将带回美国的东巴经文数千部分别卖给了哈佛大学和意大利罗马东方研究所。最后，洛克根据中国西部考察所得，出版了《中国西南古纳西王国》(*The Ancient Na-khi Kingdom of South-West China*)和《纳西语英语百科词典》(*A Na-khi English Ency-clopedic Dictionary*)两部重要著作，名震世界，从而获得了"纳西学之父"的美誉。1949年全国解放，洛克不得不离开中国，从此再也没有回到中国。

洛克意在探险和科考，被誉为"纳西文化之父"，他是一个具有特殊功能的文化使者。他向西方传播了中国文化，传播了立足西部的文化中国，并引起了西方对中国的极大关注。传言希尔顿的《消失的地平线》就是根据洛克的书和照片创作的。美国著名诗人埃兹拉·庞德（Ezra Pound）读了洛克的《中国西南古纳西王国》之后，诗意澎湃，写下了极富想象的诗句：

> 蒙蒙细雨
> 飘荡于河流
> 冰冷的云层闪烁着火光
> 黎明的霞光中大雨倾泻
> 木楞房顶下灯笼摇晃

细细咀嚼，关于洛克对中国文化的传播之功，也还是埃兹拉·庞德在巨著《比萨诗章》最后17章里的诗最能感染人心：

> 洛克的世界为我们挽住了多少记忆
> 留下的足迹犹如漂浮彩云

杨积庆先后送走了洛克和范长江，在卓尼继续着他的土司世界。后来，一场轰轰烈烈、震惊世界的万里长征改变了他的命运。当冲出重围、疲病交加的红军来到卓尼时，杨积庆深明大义，开仓放粮30余万担，并安置流落红军200多人。他暗修栈道，使得红军顺利渡过了天险腊子口，为长征的胜利做出了巨大贡献，终而名垂青史。

最终，因卓尼结缘的这三个历史人物的结局却各不相同。范长江最后投身革命，成为中国新闻界的高官。"文革"中，范长江被定性为"反革命"，1970年10月23日投井自杀于河南确山芦庄村的"五七干校"。杨积庆则因为"放走红军、开仓供粮"之罪，1937年8月25日被军阀鲁大昌连同其长子杨琨和眷属共7人一并杀害于博峪村。相较之下，洛克也许是最为和顺幸运的。他因卓尼和丽江而成其盛名，后于夏威夷颐养天年，在1962年12月5日病逝于斯。

其时，杨积庆48岁，范长江61岁，洛克78岁。

参观完杨土司纪念馆之后，我们回到宾馆，稍事休息。下午，我和玉鑫、轩之、开心外加王耀军一行五人，跟随三格毛美少女杨京燕去了她家，我们想去看看现实中的三格毛。三格毛服饰是卓尼独有的藏族服装，在中国甚至世界都是独一无二的，被誉为全藏古代服饰及礼仪的"活化石"。"三格毛"是"觉乃"藏族妇女的特有服装，完整地保留了吐蕃时代西藏农区藏族服饰的特点。"觉乃"藏族妇女都将头发梳成三根大辫子，当地汉语言方言把辫子称为"格毛"，故而"觉乃"藏族妇女及其服饰都被称为"三格毛"，又叫"三格瑁"。

如此古老的服饰现在处境如何？这将是我们此行采访考察的重点。

我们租了一辆车去，车子在河边的路上行走。路并不好走，有的地方坑坑洼洼，有点儿颠簸。路边一面是山坡，绿树掩映，小麦和青稞黄灿灿的一片；路的另一边是河水，河床好多地方已经裸露了，有几艘挖沙船和几辆挖掘机正在河床上作业，本来美丽的河道变得千疮百孔。

京燕的家叫加当村，是个不大的村子，公路从中穿过。

来到京燕家，京燕的妈妈穿着三格毛迎接我们。在她家正屋里，京燕的妈妈在茶几上摆上了她们自己腌制的腊肉，还有切开的西瓜、黄澄澄的果子和美味的饼子，这些一下子勾起了大家的食欲。大家一阵大吃大喝，京燕的妈妈在旁边憨憨地笑着，连声说："吃好，多吃一点！"

为了配合我们的采访，热情的京燕还专门请来了她的大伯，一个壮实憨厚的藏族人。

我问大伯："你们喜欢三格毛服装吗？"大伯笑着不假思索地说："喜欢嘛，那可好得很！我们藏族男女都喜欢！"那种笑，那种自豪，真的是从心底而来的。

"那新一代藏族孩子现在也喜欢吗?"我接着问。

"也喜欢,也有不喜欢的,总的来说,孩子们穿的越来越少了。这衣服不好穿,单说辫子,一个人就梳不上,出去干活也有点不方便。要是外面打工或上学,那就更不方便,没法儿穿。唉,真是没有办法啊。"大伯有点黯然地说。

"孩子如果不喜欢、不想穿的话,你们会督促她们穿吗?"我好奇地问。

"我们会要她们穿,但不会强迫的。现在社会发展了,人们的生活变了,观念也变了。以前,我们的祖辈看见我们不穿三格毛的话,都会很生气,会骂人的。现在思想进步了,就不骂了,但还是希望她们多穿一些。这是我们民族的服装,我们不穿,就慢慢没有人穿了,我们民族的服装就会慢慢消失,这太可惜了。"大伯一边说,一边摇着头,不住地叹气。

这时,京燕的妈妈说:"我们祖祖辈辈都穿这个,我们喜欢穿。平时穿,上街穿,下地干活也穿。我们这衣服还能促进婆媳关系呢。"我们都纳闷,服装也有这功能?京燕妈妈看出了我们的疑惑,就笑着说:"我们的这三根大辫子,一个人没办法辫,我们就婆婆给媳妇辫,媳妇给婆婆辫,这样辫着辫着就好了,婆婆媳妇就亲热了。"我们听了都笑,也为三格毛的智慧而折服。"不过,现在小的一代穿的越来越少了,我们也很担心啊",京燕妈妈担忧地说。

听了大伯和妈妈的话,京燕也打开了话匣子。"刚开始,我真的不喜欢穿三格毛,麻烦,也不方便。妈妈让我穿,我就很抵制。后来,我上了甘肃民族师范学院,校园里各种各样的民族服装花花绿绿,都很漂亮。女孩子爱美嘛,我就想,我们的民族服装是什么?我为什么不穿呢?就这样,去年春节回家的时候,我就要妈妈给我做了一件。别说,越穿越爱穿!"说起自己的三格毛心路历程,京燕害羞地笑了。

后来我们问,我们能不能也穿上三格毛拍个照?京燕妈妈和大伯

三格毛美少女杨京燕（京燕家人　摄）

爽快地答应了。京燕大伯给我和王耀军穿男装，京燕妈妈给玉鑫、轩之和开心穿女装，大家好开心。

穿上藏装之后，我和耀军都变成了威武的藏巴汉子，三个女孩子叽叽喳喳地成了新版三格毛美少女。我们摆了各种姿势，进行各种搭配，一会儿穿，一会儿脱，夏装冬装都试，又说又笑，好不热闹。京燕大伯和妈妈也帮我们穿穿脱脱，忙得不亦乐乎，一点儿都没有不耐烦的样子。

四点之后，我们告别京燕家，回到了圣原大酒店。我们邀请京燕和我们一起吃饭，京燕说要去县城的姑姑家，所以不能一起吃饭。看着京燕远去的背影，想起京燕妈妈和大伯热情的笑脸，心里很是感慨。这是洮河边一个古老的民族群落，三格毛是他们的眼睛，是他们灵魂的窗口，也是他们值得骄傲并精心呵护的羽毛。然而，他们却显得如此纠结。老一代的挚爱和新一代的冷落形成了鲜明的对比，是什么造成了他们三格毛一般的忧伤？

他们本来美丽宁静，但是现代文化的突入，让他们正在慢慢失去传统和民族文化之根。岁月变成了可怕的伤痕，三格毛逐步成为节日的符号和感伤的怀旧。

和京燕大伯合影（王耀军 摄）

采访京燕大伯（李晓灵 摄）

和京燕妈妈合影（李晓灵　摄）

　　他们是那么的憨直，那么的热情，那么的热爱自己的民族，然而汹涌的现代化潮流让他们逐步成为文化上的游牧，迁徙，迁徙，再迁徙，家园远去，悲不胜悲。

　　祝福他们！滔滔的洮河水啊，请为三格毛和这片土地祈福！

　　在回来的路上，我为三格毛写了一首诗，但愿这是我的祈祷：

三格毛的忧郁

　　带上华彩的帽子

　　头发轻轻拢在后面

　　一缕是长江

　　一缕是黄河

　　中间

是洮河

我是卓尼三格毛

天上有云
地上有水
腰间有飘飞的云彩
为什么
我没有可以飞翔的翅膀

站在洮河
我的眼神穿越千古的浮尘
我叹息
一半是惆怅
一半是哀怨
中间
是伤悲的挽歌

晚上照常是讨论会。看看行程已经过半,我们再次强调了写稿和出稿的事情,我们也大体统计了稿件的情况。到现在为止,有可能出稿比较多的是周子洋、朵开丽和魏煦然组的甘南乳业发展创新系列稿,还有玉鑫、开心、轩之和耀军组的藏区精准扶贫系列稿,以及王玥、李芙蓉的甘南医疗系列稿。继衡组的稿子也比较丰富,媛媛和继衡的文字稿,继衡和佳鑫的图片和视频选题都可能将有所作为。此外,蒋捷、高泽宇和王玥也有出纪录片的计划。

我们不知道最终会是怎样,但是按我的预想,我们组的稿件应该是形式多样的。总的来说,文字稿、图片新闻和视频作品都要有。选题上,我们要涉及藏区的社会、经济、民俗和文化等各个方面;写作上，我们要突出细节，写出生活的质感；特色上，我们要凸显大学生视角的"我看"特征；主题上，我们要表达我们的观察和思考，关注时代、民族、社会和国家。

但，我们也有些许隐忧，我们的这些设想到底会实现多少？我们能做到什么地步？

第九天（7月29日）：洮砚大师张建才

这是我们在卓尼的最后一天。在计划实施方面我们遇到了麻烦。

起先我们设想的是集体去大峪沟，但是，在包车的时候才发现，一辆车要价380元，我们两辆车不够，需要三辆车，这就需要一千多元。如果加上吃饭，我们花的要更多。算算最后一站迭部的吃住，以及回兰州的车费，我们预收的钱就有点儿不够了。玉鑫和开心无奈地说："老师，这可怎么办？"要再收钱不好，最后，商量来，商量去，办法只有一个，那就是改集体行动为个人组团行动。但是我也担心，如果个人组团，就会有问题，有些组人多，有些组人少。这样，学生们的大峪沟之行可能就会有困难，有些学生有可能就去不了。但也没有办法，取和舍，本身也是重走需要锻炼的一个内容。

后来，我们把这一决定通知了大家。

第一次重走时，我和维民已经去了大峪沟，所以我俩都没有去。快中午的时候，我才知道，学生们都没有去，他们说要写稿。

多少有点儿不开心，他们是不是被我们控制得太死了，一放开反倒不知道该怎么办？是不是我们给他们的采访写稿压力太大了？

早上没有什么事，就一个人过了吊桥，转过街角，这里有一个早市，各种蔬菜瓜果，非常新鲜。早市上人来人往，好不热闹，我又看到了熟悉的三格毛。

后来，我又转到了卓尼的洮砚广场和县政府大楼。洮砚广场很宽阔，政府大楼很气派。搜搜网上，发现卓尼是连续数年国家级贫困县，怎么会有如此豪华的大楼？心中很是不解。

下午睡了一会儿，轩之和玉鑫、耀军几个过来看稿子，才知道他

卓尼早市一角（李晓灵　摄）

们晚上要去再访卓尼洮砚大师张建才。据说，那里有故事，于是我和他们一起前往。2015年的时候，有同学想去做卓尼洮砚，但最后没有做成，这一次一定要把洮砚给补上。一路上，轩之和玉鑫滔滔不绝地说张老师的故事，心里的期望愈加强烈。

我们来到张老师家的时候，天已经黑了下来。张老师正准备要吃饭，见我们来了，非常热情地迎了上来，饭也不吃了。我们说："张老师，您先吃饭，吃完再说。"张老师憨厚地笑着说："没关系，你们来，我高兴。"

张老师请我们坐到沙发上之后，我做了自我介绍，并说明了来意。张老师连声说："好，好，好。欢迎你们！兰大的老师和学生来，我高兴呢！"看来，兰大这块牌子还挺管用。

坐定以后，我才看清楚了张老师。张老师个子不高，虽然七十多岁了，但是身体硬朗，乌黑的头发，宽厚的脸庞，满脸是憨厚温暖的笑。说起自己学雕洮砚的过程，张老师很是感慨。"我小的时候，家里没有条件，读书不好，我差不多就是小学文化水平。不过，我从小就喜欢画花花草草，画虫子，画鸟，啥都喜欢画。这为我以后做洮砚打下了一点底子。"

"1963年，是我十六岁的一年，那一年我才开始了学习洮砚工艺。没有想到，从此我一辈子就和洮砚分不开了。"张老师笑着说。那一年，他跟着同村刻砚师包含文开始学习刻砚，起先挑石、选石，之后才开始打胚、画图和雕刻。这个过程艰辛而寂寞，但是年少的张老师却干得有滋有味，很快就脱颖而出，超越了同期学艺的其他四个年轻人，成为佼佼者。三年之后，年轻的张老师就已经可以独立完成一块方砚的全部制作了。说到这些，张老师除了感叹，还颇有点自豪。

没有过几年，天赋异禀的张老师逐渐在当地名气日盛，也开始接单赚钱。但是，张老师的理想绝不至于靠洮砚养家谋生，他有自己的想法。张老师喜欢看《中国画报》，看到上面经常会有砚台作品介绍，有广东端州的端砚、安徽歙州的歙砚和山西的澄泥砚，就是没有甘肃的洮砚。张老师为此很是不平。他说："那时候我就想，我要让我们卓尼的洮砚登上《中国画报》，我要让全国的人都知道我们卓尼的洮砚，我们卓尼的洮砚匠人不比其他地方的差。"

老天不负有心人，张老师的勤奋努力和执着追求，慢慢开始开花结果。他的作品开始不断获得各类奖项，他还获得了"甘肃省轻工业美术大师"的称号。他也经常参加各种研讨交流活动，有时候还进入像清华这样的著名大学参加短期培训，以夯实基础，全面提高自己的综合素养。

说到高兴处，张老师返身进到房子里，拿出一摞各种各样的获奖证书，还有发表了自己作品的书画集，果然是成果累累。张老师又拿出了自己的洮砚精品，有天女散花，有蛟龙出海，有双龙戏珠，有梅月相映，真是巧夺天工，精美绝伦。

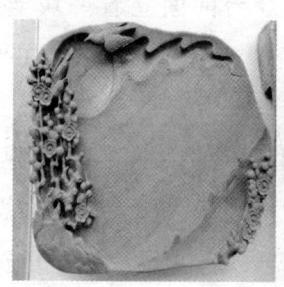

张建才的洮砚作品（李晓灵　摄）

洮砚是个神奇的东西，它对张老师有着不可抵抗的诱惑。对张老师来说，一方洮砚，就是一方世界。这一方世界，一见钟情，终身相依。这个世界来自滔滔不绝的洮河水，洮河水年复一年地流去，将河床深处的老坑石冲刷得厚重温润，绿如草，润如玉。它将水的轻柔和石的坚硬糅合在一起，又沉潜了天地的精华和河水的灵气，遂变成一块等待挖掘的宝石。它仿佛是待字闺中的江南女子，在水底沉睡千年，在翻腾的浪花中久久等待。它要等待将她掘出的那个人，等待将她雕刻成精美绝伦的砚台的那双手。诗人倾墨在她的手心研磨，提笔挥洒，顷刻之间绘就一个诗的世界。

砚台是沉默的，砚台是凝重的，当黑色的墨在淡绿色的砚台上云雾一般游离，那里映照着的是一个同样沉潜着的灵魂世界。所以，张老师没事的时候，总是喜欢静静地看着这些石头，参悟它们的每一道纹理，每一个色斑。那是他和洮砚的凝视对话，也是和自己寂寞心灵的交谈。

"我有时候看到一块石头，一眼看去，脑海里就会有雕刻的图案浮现出来。我会一个人长时间地看石头，揣摩把它雕刻出来之后的样子。有时候，想得入了迷，甚至会梦见我要雕刻的图案的样子，醒来之后，马上爬起来，按梦里的样子把它雕刻出来。"张老师对着我们喃喃自语。

砚和人有时候也会机缘巧合，一见倾心。张老师说，有一次他去自己的徒弟家，走进厨房，一眼就看见灶台前面立着一块老坑石。"那块石头真是太好了，那纹理，那颜色，简直是世间罕有的宝贝。我一眼就看上这块石头了。"徒弟说，他也觉得那是一块好石头，只是他不知道该雕什么，这块石头在他手里怕给糟蹋了，也是犯愁呢。"我想徒弟的东西，徒弟自己也喜欢，我不好夺人所爱，就强忍着没有作声。但是，回家之后，我还是念念不忘，这块石头弄得我吃不香，也睡不好。"张老师梦呓般地说。

"后来，我想，既然他不知道雕什么，又怕糟蹋了它，那我有什么不好意思要呢？我就打电话给徒弟，说我想买那块石头。徒弟说，那好，这石头找个好主人，不要糟蹋了，也是做了一件善事。就这样，我花了1800块钱买下了那块石头，回到家没有多长时间就雕出了一件精品。"张老师说着，语气里满是欣喜和自豪。

"那你夫人对你的洮砚雕刻怎么看？"我随口问道。

提起夫人，张老师眼里的火花突然黯淡了下去，神情落寞。我意识到，我一定问了一个愚蠢的问题。"唉，我老婆人家根本就不理解我，一辈子我们都谈不到一块去。现在，她住在街道上我们买的新房子里，我就在这老房子里住。实际上，我们分居了。人这一辈子，没有一个好的家庭，没有一个说得来的老婆，一半就完了。"张老师叹着气说，"现在，我的身体没有以前好了，孩子们都结婚了，没有和我一起住，我现在就一个人生活。有时候，当中学老师的女儿会过一段时间来看看我。另外，我的这门手艺也有点传不下去了，儿女们中间只有大儿子还学了一点，他要上班，没有时间做。有一个侄儿也在学着做，但是做得都不怎么好。这么好的技术，就这样了。"张老师说着，语气中有无限的感伤。

我们这才感到，如此绚烂的洮砚世界，原来也有着这样苍凉的底色。洮砚就像华美的卓尼，让人陶醉着迷，也会让人纠结不已。这就是甘南。

离开张老师家的时候，已经晚上9点多了。走出好远，还看见张老师依然站在门口，向我们招手。那门楼不高，却显得挺拔，那灯光不是很亮，甚至有点昏暗，但在夜色里特别温暖。有了这灯光，再黑的夜也不怕。

回到宾馆的时候，已经很晚了。明天要离开卓尼，去迭部，山高路远，需要有好的体力和精力。所以，我们没有开会，让学生们早点睡觉，养精蓄锐，准备明天的长途跋涉。

玉鑫在微信里通知了第二天坐车的注意事项，包括时间、防晒和防晕车。

与张老师在一起（王耀军　摄）

四　遐想迭部

第十天（7月30日）：进发迭部

早上8点30分，我们坐上大巴从卓尼出发。这一天，将是我们行走过程中行程较长的一段，也是最为惊险的一段。我们将在岷县换乘，然后翻越天险铁尺梁，穿过腊子口，最后才能到达迭部。

这将是最令人惊心动魄的一段，想起2015年过这一段的情景，依然心有余悸。出发前，我不住地在内心默默祈祷，但愿我们能够平安顺利，这20多个学生的安全比天大。过了这一段，我们就安全了。

前一段的路况还是不错的，但到了岷县，大巴要穿过县城的集市。集市人来人往，车子你冲我突，有时候还会有牛羊挤在里面。集市人声鼎沸，喇叭声此起彼伏，还有摊贩们的叫卖声，以及商店里传出来的音乐声。车子堵在里面，好长时间都无法脱身，人坐在车子里真是又急又闷，无可奈何。

岷县换乘之后，车子开始直奔铁尺梁。这一段，我和开心坐在一起，开心一路说她的大学生活，也算是不小的调剂了。开心是甘农大学中文系的，20多年前我也是兰州师专中文系的学生，农大和师专是兄弟院校，几乎连在一起。我们经常去农大电影院看电影，穿过农大校园去黄河边溜达，自然就有好多回忆。这让漫长的车程多少有了一些甜蜜的怀旧色彩。

很快就到了铁尺梁，铁尺梁高入云端，整个公路环山而下，道路狭窄，几乎只有两辆车刚能错车而过的宽度。坐在窗户旁边，往外一望，只见云遮雾绕，悬崖峭壁，深不见底，车子则在万丈深渊的边缘彳亍而行。而且，这路要不断地拐弯，那弯也是又急又险，令人望而生畏。

车子摇摇晃晃，颠簸着环山下行，过了一弯又一弯，那云彩在脚下飘飘忽忽，心也是忽上忽下，惊魂不定。如果稍有不慎，就会车毁人亡，我甚至感觉到死神仿佛在对面的山峰向我们隐隐发笑。这时候，再美的景色也都会失去了光彩，我只有不住地祷告，再祷告，祈求上苍能让我们能够顺利通过。

路上，开心也还聊一些大学的生活，那是一片桃花盛开的地方，到处都有难以忘怀的事情，代代相似。那里有青春的低吟，光那春天漫天的桃花就能让人醉倒呢。不过，大学也会有悲剧，有时候，生活里的剧情比这铁尺梁还要令人惊心。好在，再坏的记忆也会过去，再好的日子也会成为历史。

因为在铁尺梁的最深处，天险腊子口在呼唤着我们。

到了谷底的时候，抬头一望，只见白亮亮的路就像一条带子一样环绕着铁尺梁，上上下下的车子慢慢挪动，好似一个个笨重的甲壳虫。看看都有点儿不相信自己是从那上面下来的。轩之告诉我说，她看见那司机一边开车下山，一边在划着手机，她怕影响司机情绪，就没有敢说。听这话，禁不住出了一身冷汗，这车上可是有一车活生生的人啊。司机师傅却不以为然，说他们冬天下雪的时候都这样，习惯了就无所谓了。我真的无奈，不知道应该愤怒司机的轻率，还是佩服他的艺高人胆大。不过，值得庆幸的是，我们安全下来了。

腊子口就在山谷的最深处，宛如劈空一刀把那山砍为两半，山势险峻，林海无边，窄窄的峡口，几乎令人窒息。在峡谷口，就是巍峨的腊子口战役纪念碑。师傅慈悲，停下车，给我们半小时让我们拍照观赏。

站在腊子口战役纪念碑前，青山无言，松涛阵阵。我仿佛重新回到了90年前，被围追堵截的红军在这里和企图围歼红军的国民党军队展开了殊死搏斗。尽管国民党军队占有天险的地理优势，但是在毛泽东和党中央的正确指挥下，红军使用迂回侧翼、前后夹击的战术一举击溃敌军，胜利通过了腊子口。

这是一支怎样的军队？钢铁般的意志，舍生忘死的勇敢，以及出奇制胜的智慧，让他们铸就了惊天地、泣鬼神的革命传奇，腊子口的青山翠竹将铭记这一切。

腊子口石雕（李晓灵　摄）

下午，3点40分，我们在迭部汽车站下车。拉着行李，浩浩荡荡步行十五分钟之后，我们入住扎尕那青年宾馆——一个藏式装修、颇有民族风格的宾馆。

经过半天多的长途跋涉，学生们真是又饿又累。幸好，玉鑫几个早已订好了饭菜。放好行李，我们下到一楼餐厅吃饭。人多，照样还是两桌，这次我们一桌先斩后奏，要了几瓶啤酒。菜上得不快，但大家吃得很快，清凉的啤酒也消去了不少疲倦。

终于，能喝一杯啤酒了。啤酒和着迭部的蓝天白云，也算是人生一桩美事。轩之几个临走的时候，警告我们："你们要的啤酒自己埋单啊！"这些"女汉子"，一副财神不可侵犯的架势。

饭后，在餐桌上和李芙蓉、周子洋等聊了一会，大家一起讨论情感、信仰和哲学的问题。乖乖，这些女孩子不得了，饱暖思高洁啊。诗意的栖居，永远是人类躲不掉的命题。

回到房间，洗了澡之后再出门，和玉鑫几个商量明天去扎尕那的事情。预收的钱还是有点紧张，再加上人多，大家饮食习惯不太一样，原来准备在扎尕那的午餐和回到迭部的晚餐聚餐都无奈取消了。关于车子，粗粗算了一下，如果挤一下的话，两辆车还是够的。最后决定，由轩之和王耀军他们几个负责去找车。

之后，我和维民、玉鑫、开心四个人转到了迭部毛泽东广场。那里有不少人在跳广场舞，但是几乎没有什么藏族的味道，和兰州的广场舞没有多少区别。这里的人也现代气息更加浓厚，好多藏人从外貌和衣着方面根本看不出藏民的特征，和汉民差不多。总体的感觉是，合作和夏河的藏民更加传统，只会说藏语、不会说汉语的人很多很多，宗教气息特别浓郁。卓尼就开始稍淡了一些，也有些藏人只会汉语，不会说藏语了。在迭部，现代气息更加浓郁，汉族人更多，专门来看扎尕那的游客在大街上来来去去，让这里带有了一种特别的气息。

维民在水果摊买了苹果，我们四个进了一家烤肉店，啤酒，烤肉，好不快活！两个女孩子一路上管钱管账，订车订饭，事多且烦。有时候众口难调，未免会受点委屈，所以她们似乎有点儿小郁闷。为了安抚她们受伤的小心脏，我和维民要犒劳她们。喝酒吃肉之后，女孩子们开始释然，笑逐颜开，谈将来，谈理想，谈论文。

这就是学生们，这么单纯，一颦一笑全在脸上，多么可爱！

维民也微醺，开始进行人生指导，高大上啊！两个女孩子听得认真，不住地点头。后来，她们给轩之打了电话。轩之因为找车还没有吃饭，就听她在手机里喊："我也要吃烤肉！"这个馋嘴猫！我们大笑，给她也要了烤肉，带回去。

11点多我们这才离开，人微醺，月在天，迭部也要睡了。

回到宾馆，却辗转反侧，有点儿睡不着。心里想着迭部广场的啤酒，想着坐在高高的台阶上，以及抬头就能看得见的半轮明月。当然，更想着明天的扎尕那，天上的扎尕那。

第十一天（7月31日）：天上的扎尕那

早上睡得死，6点多快7点才醒来，和维民说起稿子的事，还是有点儿发愁。算了算，现在完成和没有完成的稿子已经将近30篇，但发出来的只有两篇，一篇是关于授旗出发的稿子，一篇是继衡和佳鑫无人机失而复得的稿子，想想也愁。今天去扎尕那，明天写稿。对我们而言，最重要的事是出稿，除了出稿，还是出稿，出稿才是硬道理。

今天的迭部照样还是艳阳高照，流云如飞。我们分乘三辆车，外加一辆出租车，直奔扎尕那。11点，我们顺利到达扎尕那景区。这里早已经是车流喧嚣，人声鼎沸了。景区修了新的大门，旁边建了不少店铺和旅游服务场所，好多东西2015年来时都还没有。看来，扎尕那旅游开发的步伐也不慢。

放眼望去，扎尕那的山在远处，环绕四周，白云一团团飘荡在天上，宛若闲庭信步的仙子。几处藏寨静立在扎尕那的中心，横横斜斜，就像镶嵌在扎尕那额头的美玉。那山有的怪石嶙峋，直指天空，有的碧绿如玉，牛羊一群群在上面悠闲地吃草。空气简直就像洗过一样，令人神清气爽。离开人群，来到这里，有一种诸事皆消、寄身世外仙境的感觉。

迭部古称"叠州"，藏语意思是"大拇指"，被称为山神"摁"开的地方。据传，当地的神涅甘达娃路过这里，只见群山叠嶂，无法通行，遂用手指一摁，于是山崩地裂，出现一片开阔地带，这就是迭部

天上的扎尕那（网图）

了。扎尕那是迭部的心脏，是迭部的魂。扎尕那在藏语里是"石匣子"的意思，是一座完整的天然"石城"，俗有"阎王殿"之称。扎尕那地形既像一座规模宏大的巨型宫殿，又似天然岩壁构筑的一座完整的古城。扎尕那的正北是巍峨壮观、璀璨生辉的光盖山石峰，古称"石镜山"，因灰白色岩石易反光而有其名；东边耸峙壁立的陡峭岩壁，高耸入云；南边两座石峰拔地而起，相峙并立成石门；西面，有村寨散在山坡，延伸到山际。

说到迭部和扎尕那，依然还是要说到约瑟夫·洛克。1925年约瑟夫·洛克由卓尼进入迭部，第一站就是扎尕那。洛克驻扎在扎尕那，然后从扎尕那进入迭部诸峡谷。这里优美的风景和丰富的自然资源令洛克心醉神迷。

洛克在给阿诺德植物园主任萨金特教授的信中写道："迄今为止，迭部是整个西北地区植物资源最好的地方，针叶林资源独一无二，有大量稀有桧属植物的种子。云南虽多高山植物，针叶林却不丰富。在这里常常有7种不同类型的针叶树树丛，从远处就可辨认出来，这种情形前所未见。"

面对迭部及扎尕那的美丽景色，洛克在日记中感叹万分。"迭部是如此令人惊叹，如果不把这绝佳的地方拍摄下来，我会感到是一种罪恶。"洛克甚至将其誉为人间伊甸园。"这里的峡谷由千百条重重叠叠的山谷组成，这些横向的山谷像旺藏寺沟、麻牙沟、阿夏沟、多儿

一线天（李晓灵　摄）

沟以及几条需要几天路程的山谷孕育着无人知晓的广袤森林，就像伊甸园一样，我平生从未见过如此绚丽的美丽景色。如果《创世记》的作者看到迭部的美景，就会把亚当和夏娃的诞生地放在这里。"

　　洛克热情地预言，"迭部这块地方让我震惊，广阔的森林就是一座植物学博物馆，绝对是一块处女地。它将会成为热爱大自然的人们和所有观光者的胜地"。

　　迭部的诱惑如此之大，以至于洛克在离开这里的时候，油然而生无限的感伤。

　　洛克哀怨地叹息道，"迭部再也不属于我了"。果然，洛克再也没有回到迭部，迭部和扎尕那就此永远成为他梦中东方的一缕浮云。

　　另一位是为迭部所陶醉的近代著名史学大家顾颉刚，他在1938年曾为迭部赋诗一首："雪压南眺是迭州，石门金所望中收，白云锁住石门里，添得雪山几个丘？"

这些逸事给我们留下了无尽的想象。我们一行在扎尕那景区门口合影之后就自由行动，分散进入扎尕那。

虽然有不少游客，但扎尕那是幽静的。我们一路走去，路两旁山峦对立，怪石突兀，路边野花遍地，山泉潺潺。人沿着路走，路随着水转，水随着山拐，倒也非常惬意。维民想感受一下骑马进山的感觉，就骑了马。我着王玥、周子洋几个边走边看，穿过一线天，到达了大瀑布。一线天山谷狭窄，仅能容两三人通过，两边山峰高有万仞，直插云天，仿佛一线通天。大瀑布则从半山飞流而下，宛若彩练当空抛下。

大瀑布（李晓灵　摄）

后来开心、轩之赶上了我们，再后来玉鑫、王耀军和赵斌超过了我们。这时候，已经过了中午，几个女孩子有点累了，休息之后，看看这里已经是游人稀少，似乎再也没有继续往前走的气力了。我想再看看，就继续独行。再后来，我追上了返回的玉鑫、福军和赵斌，只不过他们已经返回了。我不甘心，还想往前走，就继续前行。没想到，越走越远，偌大的山谷，竟然就只剩下了一个我。最后，我到了一个叫"第二补"的地方。这是一个当路挺立的大石头，全身拉满了经幡，上面豁然写着"第二补"的字样。我不知道这"第二补"究竟是什么意思，但猜猜，或许和传说中的"涅甘达娃"神有关系。到这里的时候，看看已经2点多，我们约好是4点在景区门口见面，时间有限，不能再走了。于是，开始返回。

"第二补"（李晓灵　摄）

返回的路感觉更加漫长，整个山谷静静悄悄，偶尔有几声鸟叫，风吹来，两旁的树发出"沙沙沙"的响声，好生阴森，不由心生恐惧，脚步遂越走越快。为了消除这种阴森，我一边走，一边扯开嗓子吼秦腔。回来的路，完全是一个人走完。这才明白，再美的景色，再宽阔的路，有时候就是要一个人走。

4点过10分，我回到了景区门口，大家和包车师傅都已经在那里了。突然觉得，扎尕那这么美的景色，如果不航拍下来，那真是遗憾。

于是，征得师傅的同意之后，继衡、佳鑫和泽宇几个进行了航拍。当无人机在扎尕那上空飞翔时，我的心里默默念叨，洛克当时用文字和照片无法完全记录下来的扎尕那美景，我们全景航拍了。这该是多么唯美超越的事啊！

晚上，维民请我和王玥、陈怡宁、周子洋几个吃饭。走了一天，又累又饿，觉得那酸菜面片超好吃，但我们期望已久的香猪肉有点硬。回来的路上，我有点儿胃不舒服，怡宁吐了一路。

回到房间，邱睦和赵斌来辞行，邱睦已经买好了票，要回武汉，赵斌要就近回武都老家。另外，李芙蓉要护送她妹妹李倩蓉回去坐飞机，所以她俩也要明天提前离队，坐车回兰州。看来，重走还没有结束，分别的大幕已经开启。

第十二天（8月1日）：怡宁住院

8月1日，是我们在迭部的最后一天，也是甘南组重走活动的最后一天，明天我们就要收拾行装，回到兰州了。我们的计划这一天休整，写稿，准备回程。

但是，没有想到的事发生了。真是越怕出事，就越会出事。早上7点不到，继衡打来电话，说昨晚怡宁呕吐不止，半夜之后愈加厉害。没有办法，他和佳鑫几个送怡宁去了医院，在医院打针输液，整了半夜，现在也不见好转。

我和维民梳洗之后，急忙去了医院。进到病房一看，怡宁蜷缩在病床上，一副好可怜的样子。听继衡说，后半夜怡宁病情加重，吓得他去踹了医生值班室的门。后来，又吃药，又打针，又输液，就是不见好转。医生说是肠胃弱引起的腹泻，可能也和昨天的扎尕那过于劳累有关，当然，那顿香猪肉可能也是一个诱因。医生说，怡宁需要住院治疗。可是，明天我们就要回去，这可怎么好？只能祈求奇迹发生了。

在医院里，维民跑来跑去，买药买东西，我和继衡守着怡宁。下午的时候，继衡回去休息了，耀军、子洋、王玥、轩之和开心来了，他们几个轮流照看怡宁。子洋很老练，王玥很认真，耀军很热情，轩之和开心有师姐的成熟持重。怡宁看这么多人来，就哭了，说连累大家了。学生们七嘴八舌地劝解她，要她好好治疗，争取快快好起来，我们明天好一起回去。

傍晚，怡宁的病有所好转，就要了藿香正气丸和其他药，出院回到了宾馆。

晚上我们开了一个总结会，这也是我们甘南组重走西北角的最后一次会议。在会上，玉鑫和开心汇报了全部的财务问题，剩余的钱都将会通过微信转发给大家。继衡清点了器材，并安排了明天带器材的人，要做到器材到人，才不会出问题。

维民和我作了最后的总结。我们感谢各位同学的配合，我们能和这些年轻的学生一同重走西北角，追怀先贤，这是多么幸福的事！我们一起行走，一起劳累，一起感受社会和时代的变化，真是受益良多。古人云，纸上得来终觉浅，所以须要"读万卷书，行万里路"。我们也希望他们能够得到锻炼，能够感受社会，了解社会，更加热爱我们的国家，更加珍惜这个变革复兴的时代。

这是最后一夜，就要结束了，忽然有些不舍。所有的东西都将变成美好的回忆，甚至是刚开始特别痛苦的事情，现在也变成了最难得的经历，变得甜蜜而珍贵。

第十三天（8月2日）：返回兰州

这是返程的一天，也是最为漫长的一天，我们将经过7个小时的车程，从迭部回到兰州，结束我的重走之旅。

早上还是担心怡宁的病，晕车加上腹泻，这可真要命。敲开怡宁的房门，怡宁笑着对我们说："老师，我已经好了！"非但如此，她都已经收拾好了行李。谢天谢地，顿时阴云尽散。于是，招呼大家退房，吃早餐，然后直奔迭部汽车站。

9点45分，除了提前离队的邱睦、赵斌、李芙蓉和李倩蓉，甘南小分队的所有成员都坐上了迭部回兰州的大巴上。大巴缓缓开动，迭部慢慢远去,我们返程了。

下午5点,我们的大巴开进了兰州汽车南站。我们历时7个小时,经过若尔盖草原,进四川,再出四川,过合作,经临夏,回到了兰州。这样,我们重走西北角的甘南行就此宣告结束。

这次重走西北角甘南之旅,我们师生25人历时13天顺利完成了这次社会实践和考察。我们追寻先贤的足迹,传承范长江心系国家、铁肩担道义的精神,也学习洛克献身科考,勇于探索的追求。我们行走,我们采访,我们追问,我们思考,这个国家和这个时代的一切变革,我们都将用心地审视,动情地思考。

甘南之行结束了,但我们新的行走之旅却刚刚开始,它没有终点,也没有止息。

后　记

甘南之行结束后,行走的脚步还是没有停下来。

我先是领着刘继衡、张玉鑫和顾轩之去了榆中和平邵家泉村,采访了那里的精准扶贫情况。老朋友贾乾文是兰州画院驻邵家泉村的双联帮扶干部,他帮国家画院"大地的孩子"美术帮扶项目培养了5个孩子,国家画院将帮扶这几个孩子直到大学。在国家画院考察无果,找不到合适人选的情况下,他硬是通过上课观察、精心挑选和个性化培养的方式,从众多孩子中间培养了这5个孩子。这真是"土窝窝里养出了金凤凰"啊。这都是国家精准扶贫政策的成就,也是乾文精心培育的结果。

邵家泉虽然是一个普通的小山村,但是却折射了国家精准扶贫的良好效果,它让人心动。当然,我们也了解到了这个村庄的现实困难和发展瓶颈。

8月14号,我回到了我的老家——榆中县城关镇朱家湾村。这次，我带了刘继衡、张玉鑫、黄淑君和李芙蓉等4个学生。我们用了四天时间，采访了邻村分豁岔村，深入了解了这里的美丽乡村建设。我还带学生参观了我们村的高昌王妃古墓遗址和宋金时期雕砖古墓，也让学生给我们村的文艺活动做了10个人的口述史采访拍摄。学生们在我们的打麦场上放飞了无人机，在我家客厅听了我们村的秦腔自乐班联欢演唱，李芙蓉还写了"榆中县走访札记"和诗歌。我们还将推出关于分豁岔美丽乡村建设、朱家湾文艺历史、高昌王妃古墓遗址文物保护与开发，以及朱家湾乡村医生的新闻稿件。

学生们的感触是真实而又深刻的。总体来说，乡村的变化是可喜的，但是面临的问题也很多。乡村在大到民主政治、经济发展和文化繁荣，小到低保、养老、教育等实际问题方面，都有很长的路要走。理想是美好的，现实却要复杂得多。书本是超越的，现实就更加质感，更加繁复。观察它们，理解它们，思考它们，恰恰是重走的价值和意义所在。

我的眼前一直浮现着我们大队的书记和我说话时的神情，他一边偏着头抽烟，一边狐疑地观察着我。这好像非常生动地隐喻了社会对大学的微妙态度。最后，邻村分豁岔的采访很顺利，但我们村的参访却没有得到回应。这多少也算是一种挫折，但这更是现实。现实将会给我们每一个人上一堂生动且深刻的课，我们没有其他选择，我们必须认真听课。

我想起了熊培云在《一个村庄里的中国》里的一句话，在中国，"农村问题在农村之外"。

那么，我是不是也可以以一句话为这个札记作结？

在中国，新闻教育的真意不在课堂之中，而在课堂之外，在行走之中。行走，才能读懂中国。

2017年9月12日于兰州黄河家园家中

第三辑　再回甘南（2018）

确实有点累了，对我来说，暑假是一段可以休息的时光。

但是我还是无法拒绝，似乎有一种不可抗拒的力量、神秘的力量，在呼唤着我。

因为我知道，以田野考察的方法观之，只有长时间地跟踪观察，不断地重复入场访寻，才能获得人类的真画像。

而且，我知道，我在犹豫不决的对象是甘南。是的，是甘南，甘南的草原，甘南的天空，甘南的人。

我只有臣服。

再回甘南，这是第三年，也是第三次。我想也可能是最后一次。

这一次，我们有了新的阵容。维民今年自立门户，带队去了陇南，我邀请了院里的才女博士葛俊芳老师和我共同带队。此外，我还带了夫人王晓梅同行。夫人在西北师范大学外国语学院工作，假期也是一段难得的消闲时光，一起同行，真是难得的美事。

2018 年 7 月 18 日清晨，我和夫人换上了一身的"戎装"，大帽子，脖套，防晒服，墨镜，一应俱全。想象着甘南的阳光和草原，心里禁不住念叨，甘南，等着我们，我们又来了。

打车还算顺利，一路疾驰，很快就到了南站，见到了甘南组宝宝们。一番查点，一番等待，没过几分钟，甘南组的宝宝们就已经到齐了。今年甘南组一共 18 人，我戏称"甘南十八掌"，我和夫人、葛俊芳三位老师，8 个本科生，7 个研究生，其中男生只有 3 位，新闻学院

"戎装"出发（李晓灵　摄）

女多男少的现状由此可见一斑。

这一次，我还是在研究生和本科生中各选了一个负责人。研究生负责人是我的研究生魏开心，本科生负责人是陈莉红，专门负责甘南组的交通、住宿和吃饭问题。当然，艰难的账务报销也要靠她们组织完成。我们师生每人交了1000块钱，交给开心和莉红，多退少补。她俩一个做财务，一个做会计，共同负责一切财务开销和报账。我们的原则是尽量节俭，理性消费，但也要让学生吃得好，睡得好，有足够的精力走完甘南。

开心已经走过一次，这一次是真正的重走。上一次，她和轩之帮助玉鑫负责甘南组的吃住行，干得不错，经验丰富，这一次可以算得上轻车熟路了。这次南站的票就是由她负责集体预定的，甘南的吃住也基本预定了。这样，我们就是有备而来，再也不会是到甘南之后到处乱撞了。

夫人同行（李晓灵　摄）

出发合影　（王晓梅　摄）

合影之后，我们坐上去甘南的大巴。没多久，大巴缓缓驶出南站，在夏日的阳光中奔向甘南。

一　夏河之念

兰州到甘南的路上，两岸光秃秃的山慢慢开始变绿，变得水草丰茂，清真寺和藏族寺庙也慢慢多了起来。甘南，像一个羞涩的少女，一点一点地向我们靠近。

我们的第一站是夏河。

这一次我们改变了行程，不再是"合作—夏河—卓尼—迭部"的四地线路，而是设计了"夏河—合作—卓尼"的三地线路。原因之一是前两次动辄十天多，时间太长，最后人困马乏，到迭部的时候就很难出稿子了，所以我们这一次缩短了时间，砍掉了迭部。原因之二是前两次先到合作，再到夏河，去卓尼的时候还要回到合作，等于是走了回头路。这一次我们决计不再走回头路，先夏河，后合作，再卓尼。

五个小时之后，我们顺利抵达夏河，入住预定酒店，然后饥肠辘辘地直奔饭馆。时间已经到了下午2点多，我们18人分坐两桌。等饭的时间是漫长的，一路的兴奋慢慢被对饭菜的渴望代替，饭桌上嗦指头的镜头真是印象深刻。

候饭的空档，我和葛俊芳老师大致向学生强调了我们培训时的一些要求，对学生做了简单的分组，学生也分享了他们的预设选题。我们强调，民族、经济和宗教依然是我们关注的重点，要尊重当地的民族信仰和风俗习惯。互相帮助，积极采写，考察社会，锻炼自我，这是我们的目的所在。

自然，这些是无法填饱他们的辘辘饥肠的，美食的诱惑如此强大，而且不可抗拒。

一会儿，饭菜上来了，学生们一顿风卷残云，然后，我们的夏河之行就此开始了。

第一天（7月18日）：拉卜楞的雨

在夏河，拉卜楞寺是第一道情缘，也是第一个功课。

吃完饭，学生们就急切地扑向了拉卜楞寺。对学生们来说，拉卜楞寺是神秘而又超越的，空灵而又唯美的。揭开她的面纱，一睹真容，是她们最大的心愿。

今天的拉卜楞寺，漫天的云彩，清凉可人，完全没有了前两次的晴空万里，烈日炎炎。拉卜楞寺庄严肃穆，经幡飘扬，游人如织。走入门口的广场，山伟岸而连绵，广场开阔而坦荡，茫然四顾，整个拉卜楞寺尽在周围。站在广场中心，宛如抚摸着拉卜楞雄壮而柔软的心。那些远道而来、仰慕拉卜楞寺的人们，在这里盘桓小憩之后，开始从不同的方向深入拉卜楞寺。

初到这里的学生们很是兴奋，左看右看，赞叹不已。这时，我突然发现对面高高的台阶上，坐着两个外国女士，她们背着硕大的背包，超然地坐在石阶上，望着拉卜楞寺的经楼，满眼的沉醉。同时，其中一位还拿着单反相机拍个不停。她们的那种专注和投入，深深地吸引了我们。也许，对今天的拉卜楞寺来说，老外身影的出现，不算什么稀奇事了。但是当镜头定格，凝视的力量依然让人心动。老外的身影和拉卜楞寺的殿堂叠加在一起，符号的交叉印证着两种文化的交流，它们以镜头为介质，传达着世界和中国的耳语。在这里，再也不是"看"和"被看"，而是坐下来之后平静地交谈和分享。我们只是偶然的见证者。

拉卜楞寺规模浩大，殿宇连绵，连山接水，逶迤不绝，学生们穿行其中，好像到了圣地灵国一般。飘扬的经幡，雄壮的转经阁，闪闪的金顶，都让他们陶醉。走过拉卜楞，就像穿过甘南的灵魂，他们需要静下心来，放慢脚步，一点点地去感受，一点点地去品味。而对我而言，却是再回圣地，故友重逢。

在拉卜楞寺，我们再一次遇到了踢足球的小喇嘛。足球是他们在

凝视（王晓梅 摄）

同坐（王晓梅 摄）

拉卜楞和世界的联结，他们超然世外，但也关注着遥远的外在世界。这些活泼的孩子，穿着红色的僧袍，踢着足球，追逐嬉戏，好不欢快。足球在他们中间飞跃跳动，他们闪展腾挪，时而冲，时而插，进退有法，球技其实也很不错呢。这时，拉卜楞显出了俯首世俗、泥土芬芳的一面。它也改变了我们对寺院高入云端、不近烟火的印象。拉卜楞在倾心于自己的宗教世界的同时，也没有忘了和外面的世界亲密接触一下。看来，拉卜楞是多面多彩的，任何想用一种推论就将它完全概括的想法都是奢侈且不现实的。

踢球（学生　摄）

在拉卜楞寺的里面，我们看见了非常温馨的一幕。两只藏香猪怡然自得地沿着红色的墙散步，后面跟着一只黄色的狗，藏香猪走得超脱悠闲，那狗不紧不慢，跟在后面。这狗和两只藏香猪一定是情深义厚的好朋友，所以才这样不离不弃。而它们似乎也好像不怕人，抬起头，淡定地看了看我们，然后一路往前走去，没有丝毫的惊慌。有学生说，那狗一定是放牧狗。我说，也许是护花使者呢。当然，我们也看到了在路旁无所顾忌地躺着的羊，甚至睡着了的狗。在拉卜楞寺，这些憨态可掬的动物都是超然的，它们是拉卜楞特殊的"主人"。它们不怕人、不惊慌，它们和拉卜楞的山、寺院以及人如此美妙地融合在一起，就像一幅空灵的国画一般。人和动物各得其所，和谐相处，这也是拉卜楞的风格和境界。

然而，很快拉卜楞就露出了它粗犷不羁的气息。快到黄昏的时候，拉卜楞寺突然黄云滚滚，狂风四起，我们只得仓皇撤退。但是，我们的脚步终究敌不过风雨的速度，不一会儿，拉卜楞寺便大雨如注，地上的水就像小河一样四处流淌。当我们跑到拉卜楞寺门口的时候，风

拉卜楞寺特殊的"主人"们（李晓灵 摄）

越刮越大，雨越下越大。没有办法，我们只得跑进了路旁的一家藏餐吧里避雨。餐厅的里面和外面的台阶站满了避雨的人，单单我们兰大的老师和学生就占了大半。店家大度且热情，对我们笑着说："没关系，没关系，你们尽管待着，有什么需要就说。"我们连声道谢，惶恐不已，终觉得叨扰了人家，影响了人家的生意。但我们也是没有办法，只有站在房檐下，等着这雨过去。

这是我们在拉卜楞遭遇的第一场大雨，放眼望去，夏河黑云漫漫，漫山遍野的雨就像奔腾的牧马，整个山和寺院都变成了白茫茫的一片。我们实在想不出拉卜楞的雨竟然如此任性，如此暴烈。这时候，拉卜楞好像一个酒后的西北汉子，尽情地歌，尽情地喊，随性地奔跑，露出了藏地天然的豪情。让人惊叹的是，藏餐吧里面，豪爽的老板竟然和一个避雨的老外自如地用英语谈论着 local people，那种超脱，那种忘我，好似外面根本就没有什么风雨一般。我们反倒有点儿自惭起来。

你说，拉卜楞保守吗？矜持吗？隔膜吗？

这就是拉卜楞，远离尘嚣，却又轻抚世界；遗世独立，然又放眼山河。

在这里，你离开了外面的世界，同时，时时刻刻又都能感到世界的呼吸。

在世界和佛国之间，拉卜楞是一座云遮雾绕的桥，你没办法看清它的真容，但你可以款款而过。

好在雨下得时间并不长，雨小之后，我们才叫到了几辆出租车。回到宾馆，已经是灯火璀璨，夜色深深了。晚上，我们和学生谈了明天的走访和考察，学生既兴奋，又担心，甚至也有点焦虑。

明天，将是他们比较艰难的一天，失望，沮丧，惆怅，连同各种各样的苦难和问题将等待着他们。

再难，他们也要挺过去。这是行走的第一关。

藏地的胡须是硬的，有时候也会扎得人痛，但痛过之后，也会有温暖。

第二天（7月19日）再会巴桑：以爱的名义

早晨，打开窗户，夏河雨过天晴，草原像洗过一样，鸟儿的鸣叫清新动人，天蓝得没有一丝杂质。那阳光明净温暖，洒在夏河的每一个角落，草场、街道和寺院显得格外清丽。

雨后的夏河，就像一个梳洗过后的藏地女子，明眸善睐，美丽动人。

忽然想起了一段文字，其中是亚东和降央卓玛所唱的歌曲里的歌词。这些美丽的诗句刻在了我的脑海里，夏河的雨让它如雨后的嫩草一样冒了出来。那是对藏地的歌唱。

"1999年隆冬的藏北草原上，我的朋友觉果给我朗诵《慈祥的母亲》。"

  哦，慈祥的母亲是美人中的美人，
  像那白度母一样心地善良；
  她背水走过小路，柳树轻轻摇晃；
  她挤奶走出羊圈，格桑花围着她尽情开放；
  她头顶堆满白雪，腰弯成一道山梁；
  她每天摇着经筒，一心为儿女们祈祷吉祥；
  哦，慈祥的母亲，我是你用生命写下的历史；
  哦，慈祥的母亲是儿女们的太阳，
  为了我们燃尽青春之光……

今天我们要找的是巴桑大叔。

2017年，玉鑫、开心和轩之曾经采访过巴桑大叔，那时的巴桑大叔为71万元的欠款而犯愁。他负债累累，彻底破产，日子过得风雨交加，但也坚韧乐观。一年过去了，巴桑大叔怎么样了？他的困难解决了吗？带着这一系列的疑问，我们开始了再会巴桑之行。

我们先是找到了桑科镇。在镇上，一个小伙子热情地接待了我们。他会说汉话，我们的交流没有障碍，这样他就可以为我做翻译了，这解决了一个大难题。要知道，在夏河好多藏人不会说汉话，也听不懂汉话，不管做什么，交流障碍其实是一个很现实的困难。这个小伙子开车载我们去找巴桑大叔，一路上，他兴高采烈地为我们讲起了巴桑的事儿。他说，巴桑现在很不错，有了国家的扶贫政策，巴桑开了一家牧家乐，一天能赚几百块呢。虽说债还没有还清，总算看到了希望。他还说，国家对甘南和藏族的扶贫政策这几年越来越好，镇上也加大了对像巴桑大叔这样有困难的藏民的帮扶。他们的困难总会解决，好日子总会来到的。这话听得我们心里暖意洋洋，再会巴桑大叔的心意更加强烈了。

车子在草原间的路上奔驰，绿油油的草原不断向后退去，前面不断出现一些装饰华丽的帐房和藏包。那一定就是牧家乐了，看来这几年夏河的牧家乐发展得也很不错呢。

最后，车子开进了一个并不大的牧家乐，五间不高的房屋，几顶藏包，还有宽阔美丽的牧场，在白云蓝天下显得格外宁静。到了房子前，我们刚下车，就见一个中年藏族男子热情地迎了上来。他身形魁梧厚实，脸庞棱角凸出，饱经沧桑，这就是传说中的巴桑大叔了。巴桑把我们迎进他们的房子，让我们坐下，我和葛老师、开心坐到了炕上，夫人则坐在了炕边的椅子上。巴桑和他的妻子达老忙前忙后，给我们倒奶茶，切西瓜。巴桑还现场给我们秀起了他的手艺，撸起袖子，为我们捏了糌粑。不一会儿，不大的炕桌上就已经摆得满满当当，奶茶冒着热气，糌粑飘香，西瓜鲜红，好丰盛啊。一杯奶茶下肚，再尝一口糌粑，吃一块西瓜，牧家乐的味道慢慢升腾起来。

巴桑的牧家乐（李晓灵　摄）

也就是这个时候，我们才真正看清了巴桑的样貌。巴桑是一个纯正的藏族汉子，五十来岁，身板高大结实，浓眉大眼，那脸阔大沧桑，线条分明，额头和眼角的皱纹是岁月雕刻的痕迹。巴桑的一双手又大又厚实，刚健有力，他就是凭这双手从遥远的昌都打拼到了桑科。那双手所经历的一切，就是藏族人在这片草原上所经历的一切——与苦难斗，与天地斗，拼尽一切，寻找属于自己的生活。唯有艰辛的劳作，努力的打拼，才会赢得幸福美好的日子。

巴桑憨厚地笑着，用粗厚的声音和我们交谈。他的妻子达老穿着藏袍，提着铝壶，忙前忙后，那笑脸就像草原的阳光一样明净。

在桑科，在巴桑的述说和达老的眼神中，关于巴桑的传奇就此展开，流浪，追寻，苦难，情谊和爱情。

三十年前的巴桑，还是一个懵懂的昌都少年，西藏的山水和阳光哺育了他。迫于生计，巴桑开始学着做起了生意。他卖过牛羊，也卖过羊毛。但是他太年轻了，没有经验，生意做得一片惨淡。无奈之下，

19岁的巴桑带着一身的疲惫，坐上从拉萨到格尔木的火车，一路向东。他要用自己的脚步蹚出属于自己的那条路。在格尔木，巴桑没有多少钱，也没有过硬的技术，只能靠打零工维持生计。巴桑流浪的脚步并没有止步于格尔木，他继续向东，最后拉卜楞寺的经幡把他招引到了夏河。夏河的草原丰茂，夏河的眼光明媚，夏河的寺院祥和。在这里，他给寺院做地板，日子虽然清苦，因着夏河拉卜楞的佛光，他安定，也知足，就是那吹来的风，也似乎夹杂着抚慰的温度。他在劳作之余，经常躺在桑科的草原上，遥望昌都的方向，一边听着风吹的声音，一边想念高原上的家乡，更想象着未来的生活。

不得不说，桑科是他的福地。因为在桑科，他遇到了美丽的达老，爱情就像草原的花朵、草原的阳光，让他倍感温暖，也让他看到了希望。

其实，第一次见到达老，巴桑就被深深地吸引了。达老热情开朗，勤奋能干，让巴桑动心不已。他觉得这就是上天赐给他的爱人，他要娶她为妻，和她过一辈子。然而，事情并不那么顺利，达老的父母不看好巴桑。在他们看来，巴桑就是一个没有根基的流浪汉，达老跟着巴桑不会有幸福生活。但达老是认真的，就像桑科的草原，一旦接受了你，就会伸开臂膀，永远不会放弃。达老的坚持，赢得了父母的同意，最后巴桑以女婿的身份住到了达老家里。流浪五年之后，昌都汉子巴桑终于在桑科收获了爱情，有了家的归属。

刚开始，巴桑和达老的小日子还算过得去，放牧，劳作，日复一日，平淡也恩爱。但是命运好像总是要给巴桑更多的考验，不然就显示不出传奇的色彩。巴桑和达老的父母慢慢有了矛盾，达老的父母一直觉得巴桑是流浪汉，对他心存芥蒂。他们常说："离开我们，你们连水都喝不上。"这些话深深地刺痛了巴桑，毕竟他是一个堂堂男儿啊。巴桑不愿意连累达老，因为他爱着达老，不愿意让达老因为自己和父母闹翻。于是，巴桑选择了离开，准备再次开始流浪。然而，这一次达老又勇敢地和巴桑站到了一起。巴桑负气出走的第一天，达老领着一双儿女,找到了巴桑。没有什么华丽的语言,这个倔强的藏族女子在巴桑最困难的时候,在父母和巴桑之间毅然选择了巴桑。她知道,巴桑是她的草原,离开他,她将失魂落魄。

就这样,巴桑和达老以及他们的孩子离开了桑科,在科才乡安顿了下来,等待着他们一家四口的是一无所有,除了仅有的一点勇气和坚守。

这时候,桑科善良的牧民们知道了巴桑一家的遭遇,他们非常同情巴桑,开始四处奔走,尽力调节,希望可以解决矛盾,让巴桑一家重新回到桑科,回到他们身边。桑科草原是辽阔的,桑科草原是肥沃的,她有足够的奶水可以哺育她的儿女们,她不能看着她的儿女流落他方。牧民们的话质朴而简单,句句暖心。"他们不管你们,我们管你们。""你们没有的,我们都有。我们有的,你们也要有。"牧民们的话让巴桑重新燃起了希望,为了不让这些善良的人们失望,巴桑一家又重新回到了桑科。回到桑科,牧民们伸出了援助的手,用自己的行动践行了承诺。他们东家给一头牛,西家送一只羊,没有多长时间,巴桑就有了自己的牛羊。此外,牧民们还帮巴桑盖起了房子。这样,巴桑有了自己的家,虽不大,也不富裕,但总归一家人可以在一起,过温暖自安的日子了。在桑科,巴桑真的扎下了根,成了桑科的一员,他再也不用流浪了。

后来,国家的扶贫政策越来越好,巴桑一家和其他牧民一样,也得到了很大的资助。他们获得了一套定点居住房的资助,只花6万元,就住上了20万元的新农村定点居住房。

日子就这样一天天好了起来,幸福生活似乎触手可及了。

然而,命运和巴桑又开了一次玩笑。2012年的时候,牛羊市场火爆,一只羊可以卖到1200多元钱,利润可观。巴桑想抓住这个机会拼一把,用养牛羊赚钱。他从农村信用社贷了5万元钱,又从村里的互助社贷款1万元钱,东家借,西家凑,终于凑够了71万元。巴桑满怀信心地用这71万元购买了牛羊,扩大了养殖规模,准备大赚一笔,借此实现他给达老的诺言，给她和孩子们一个美好的未来。可是，天有不测风云，巴桑的美好期许并没有得到市场的回报。2015年开始，牛羊市场开始持续低迷，直到2016年，巴桑的牛羊本金几乎损失殆尽，71万元借款也无法如期偿还。命运的大锤重重落下，巴桑再一次陷入了绝境。他该如何偿还这71万元的巨款呢？毕竟那里面有牧民们的满腔热情和信任啊。

没有办法，巴桑遵从了藏族最为传统的方法，他把所有的借债人叫到自己家里。凭着诚实和信仰，他把自己所有的财产都拿了出来，让大家选择，甚至是一个碗，一双筷子，一头牛。这些债权人就这样拿走了他所有的东西——巴桑破产了，重回一无所有的境地。按照藏人的规则，这是解决债务的最简单有效的办法，债务人拿出自己所有的东西，债权人随性挑选，拿走这些东西，或多或少，或贵或贱，从此债务一笔勾销，不论吃亏与否。条件只有一个，债权人必须要诚实，不能有一丝一毫的隐瞒和欺骗。然后，人们又会用各种方式帮助他，让他渡过难关。这个神奇而又善良的民族，可贵的诚实，炽热的情感，还有毫无杂质的信仰！

之后，政府也知道了巴桑的遭遇，再一次站了出来，给他盖房，捐助他2万元，好让他渡过难关。牧民也纷纷出手相助，我给一头牛，他送一只羊，没有多长时间，巴桑就有了30头牛羊。牧民们还鼓励巴桑："不要担心，债总会还清的。日子还要继续过，只要肯努力，钱还可以赚回来的。"

巴桑流泪了。之前流浪的时候，巴桑没有哭，被驱赶的时候，巴桑没有哭。而这一次，巴桑却哭了，像一个小孩子一样地哭了。三十年前，巴桑被驱赶出门的时候，帮助他们一家的是政府和牧民们，三十年后，巴桑破产的时候，帮助他们一家的依然是政府和牧民们。这是怎样的情谊和恩情啊！

就这样，巴桑带着一家人开始了再一次的创业。随着政府扶贫政策的进一步支持，巴桑盖起了砖房，搞起了牧家乐，收入不错，到现

采访巴桑（李晓灵　摄）

巴桑和达老（魏开心　摄）

在巴桑只剩下 5 万块钱的欠款了。再过几年，巴桑还清欠款、给儿子娶上媳妇的日子也不再那么遥远了。巴桑的脸上又一次露出了笑容。

从昔日的昌东少年，到如今的巴桑大叔，巴桑历经挫折，沧桑依旧，乐观依旧，坚定依旧。这是属于巴桑的传奇，属于草原藏族的故事。

巴桑在讲述自己的故事的时候，达老一副羞怯的样子，站在门外不肯进来。巴桑觉得对不起达老，没有给她幸福的生活，但在达老眼里，巴桑就是她的天，政府和牧民们就是他们的恩人。"政府和乡亲们帮了我们很多,三十年前是这样,三十年后还是这样。现在好了,什么都好了。"说着说着,达老笑了,笑着笑着就哭了。说起巴桑,达老脸上现出了少有的幸福。"这么多年来,什么事情都可以商量着来,巴桑人真的很好。"靠在门上的达老,脸上的泪痕还在,但幸福却是真真实实的。

如今,巴桑和达老最大的愿望就是给自己的儿子娶媳妇,让他们去快乐自由地放牧,巴桑和达老则想守在一起,看护这片属于他们的草原。

以爱的名义,巴桑和达老书写了属于他们的故事,故事里有悲欢,有挫折,更有爱。而这爱,生长在桑科的草原,浮现在大夏河的水波里,巍峨的拉卜楞寺就是这传奇的证言。

看照片(魏开心 摄)

关于巴桑,开心的语言别有意味。

"以后还会再扩大养殖规模吗?"
"要的,有机会还是要的。"

捏糌粑（李晓灵　摄）

  我不知道要用什么方式才能让自己平静下来，也不知道怎么用语言讲述巴桑。

  我不敢整理巴桑的故事，也不敢回想巴桑的笑容。我只是一个行走者，一个记录者。我走着，看着，听着，写着。巴桑还是巴桑，还是那个依然相信太阳东升西落的巴桑。

  我在夏河遇见巴桑。
  我在这里再见理想。

  采访结束的时候，豪爽的巴桑一定要我们骑他们的马玩一玩。盛情难却，恭敬不如从命，我和夫人、葛老师和开心分两次骑上两匹马，一匹由达老拉着，一匹由巴桑的儿子拉着。我们从房屋处出发，绕行好大一圈，才回来。草原上的格桑花到处都是，鲜艳无比，骑行而过，仿佛走进了童话世界。巴桑的儿子是一个精干的小伙子，喜欢赛马，也得过桑科赛马的奖。我问他想找一个怎样的女孩子做媳妇，他憨厚地笑着，不回答。我说："我介绍一个我的女研究生给你做女朋友，

幸福的巴桑和达老（李晓灵 摄）

你愿意吗？"他"咯咯地"笑了，"你哄我呢！我可不敢，我要找我们的藏族的女孩子做媳妇"。这话一下子弄得我也笑了。

临走的时候，我们要给巴桑骑马的钱，巴桑死活不要。无奈，我就把两百块钱悄悄放到了屋子外面的桌子上。没想到，这钱还是被巴桑发现了。车子开动之后，我们回头招手，只见急切的巴桑拿着那两百块钱，一边喊，一边追，直到没法再追。我们看到，失落的巴桑站在草原，像一尊沉默的雕像。

这时候，我们感到自己的心丢在了草原。我们不知道该说什么才好，巴桑，草原的巴桑，愿你们幸福如意，继续你们的传奇。

晚上，回到宾馆，我们讨论了今天的采访。今天我们有收获，有的也遇到了挫折，但讨论真的是热烈的。

夜里,我辗转反侧,难以入眠,我还是放不下巴桑,诗句借着月光洒到了我的床上。

在桑科,我想起了巴桑

巴桑用粗壮的手

搅动苦难、爱情和神话

和着拉卜楞的风

一碗糌粑

一半是慈悲

一半是悲欢

巴桑不说爱情

巴桑说他的女人很苦

他的女人是好女人

巴桑的女人突然哭了

巴桑的窗子黝黑

里面是幽深的佛国

外面是白云,远山

和没有彼岸的草原

在桑科

我不想佛国

不想经幡

我只想巴桑

2018.7.20

第三天(7月20日):草原深处的桑科一家人

这一天还是桑科,这是真正的重访,我们要重访桑科村,重访旦正吉、罗藏才旦和索南昂毛。

我们早上吃完饭，就开始联系旦正吉。幸运的是，旦正吉联系上了，她说她和爸爸妈妈在牧场，不在家。我说："那太好了，正好我们可以去你家的牧场看看，我们都还没有见过真正的牧场呢。"后来旦正吉问了她爸爸妈妈，她说爸爸让她和姑姑姑父来桑科村接我们，我们可以去她家的牧场看看。一听之后，大喜过望。

说实话，我虽然是一个地地道道的甘肃人，但我一次都没有见过大山深处真正的牧场。真正的牧场究竟是个什么样子？新的时代里，牧区的藏民生活怎么样？他们的喜怒哀乐又是怎样？这些都是我非常好奇、非常渴望知道的事情。

租好车之后，我和夫人、葛俊芳老师以及四个学生一起开始向桑科村进发。一路上，阳光明媚，天蓝得透彻，没有一丝云彩。路两旁的草场和景象勾起了我的许多回忆，2015年我们第一次来到桑科村，偶遇旦正吉和她弟弟，没有父母陪伴的姐弟俩那种勇敢质朴的个性给我们留下了深刻的印象。当然，还有和妈妈在一起的道吉草。2017年，我们再次去了桑科村，那一次，旦正吉家没有人，我们吃了闭门羹。幸运的是，我们找到了罗藏才旦和索南昂毛，了解了他们家以爱相守的故事，也了解了藏区的脱贫扶贫的情况。说实在的，我很震惊。桑科村布局整齐，宅院修得很漂亮，村子里甚至还用上了太阳能路灯。我老家在离兰州市区较近的榆中县县城附近，但那时我们村也还没有太阳能路灯。可以看出来，政府在修建宅院、脱贫攻坚方面对藏区的支持力度显然要更大一些，这也是国家民族政策的优惠之处，也是新时代藏区社会快速发展的明证。

很快，我们就到了桑科村。我们先去拜访罗藏才旦家，罗藏才旦家门开着，里面没有人。我们觉得好奇怪，心想藏人真是豪放，到了路不拾遗、夜不闭户的地步。连忙给罗藏才旦打电话，罗藏才旦说他就在附近，很快就到。不一会儿，罗藏才旦就戴着黑帽子和墨镜，骑着摩托车，来到了我们面前。罗藏才旦一把抓住我的手，非常热情。

他说他在附近开了一个牧家乐，生意还不错，就是有点儿忙。他邀请我们到他的牧家乐里坐一坐。我连忙道谢，说已经约好，要去旦正吉家牧场，借道特意来看看他这个老朋友。罗藏才旦显然有点儿失望，但还是表示理解。他说，再来桑科，一定要到他家的牧家乐里做客，他要给我们吃最好的羊肉。我们再次道谢，然后告别，走了很远，看见罗藏才旦还站在那里，不住地挥手。

然后，我们来到了旦正吉家。这一次，旦正吉在家里，和她一起等候我们的还有她爸爸、姑姑和姑父。旦正吉的爸爸穿着传统的藏袍，一头浓密的头发乌黑发亮，黝黑的国字脸带着质朴的微笑。总觉得他有一股明星范儿，像一个歌星。可是到底是哪个歌星呢？腾格尔，对，是腾格尔。只不过，腾格尔是蒙古族，旦正吉的爸爸是藏族。尽管如此，那满脸的豪放和豁达，都是一样的，好像一嗓子就能穿透整个草原。和旦正吉的爸爸风格一致的是旦正吉的姑姑，一袭藏袍，土地一般黑得透彻的脸，以及善良好客的笑脸。旦正吉的姑父则完全不同，时髦的皮鞋，腿面发白的牛仔裤，绿色的夹克衫，还有胸前饰有彩色波浪纹饰的红色毛衣，都显示了他现代奔放的个性。见到我们，旦正吉的爸爸、姑姑和姑父都非常热情，握着我的手说个不停。虽然我们听不懂他们说什么，旦正吉简单的翻译也让我们感受到了他们发自内心的热情。

我们一起照了相，相片中，旦正吉的姑父高兴地搂着我的脖子，我搂着旦正吉爸爸和姑父的腰，旦正吉的姑姑站在最左边，我们的背后是旦正吉家的新房子，红色的瓷砖，铝合金的窗子。

乍一看，这照片竟然有一点油画的感觉，越看越耐人寻味。我的黄色防晒服，旦正吉爸爸和姑姑典雅的藏袍，还有旦正吉姑父的牛仔裤以及红色的毛衣，并置在一起，绘出了属于西部民族共生的一幕——藏和汉，传统与现代，民族和家国，仿佛互相独立，但又骨肉相连。

聊了一会儿之后，我们租了一辆可坐下七八人的车子，开始向旦

旦正吉家的合影（王晓梅 摄）

正吉家的牧场前进。说实话，第一次去传说中真正的大牧场，多少有点儿激动。一直问自己，神话般的牧场到底有多美？美丽的牧场如何可以容纳一个民族的历史和未来？

车子开出公路之后，开始进入狭窄的沙路，穿行在山谷之中。山越来越高，山谷越来越狭窄，山越来越绿，山坡上的牛羊越来越多，我们好似进入了一个童话世界。这也意味着我们离旦正吉家的牧场越来越近了。

到旦正吉家的牧场时，已经是下午时分。牧场宽阔起伏，像宝石一样晶莹翠绿，阳光撒在上面，温暖而灿烂。牧场上牛羊成群结队，悠然自得。空气干净得像洗过一样，深深吸一口，竟然有一种醍醐灌顶的感觉。这牧场真的可以洗涤心灵，让人忘掉一切烦恼和愁苦，藏人豪爽洒脱、坚毅乐观的性格也一定和这草原的牧场大有关系。

旦正吉家的牧场在右手的山坡上，一群群的牛羊在山顶上吃草，

天空、山谷和牛羊（李晓灵　摄）

半山腰上是她们的家，那是一座白色的帐篷，烟筒里升起袅袅的青烟。旦正吉的爸爸并没有和我们一起坐车，他骑着自己的摩托，一路赶了上来，旦正吉的妈妈和弟弟也从山坡上迎了下来。不一会儿，我们就已经坐到了旦正吉家的帐篷里。

牧场的帐篷对我来说还是个新鲜事物，我们在床上围成一圈坐定之后，我才有机会仔细观察帐篷的情况。这帐篷虽小，家的设施却一应俱全，床、座椅和做饭的锅碗瓢盆，样样都有。帐篷的中间是一个铁炉子，上面有两个大铝壶。女主人一定是个持家的能手，炉子的台面上擦得干干净净，两个烧水的铝壶也擦得锃亮。炉子烧得很旺，铝壶的壶嘴冒出阵阵热气，坐在跟前，便觉温暖。大山深处的牧场是特殊的，即便是夏天，牧场的气温也比较低，生火取暖对牧场来说也是必需，所以在牧场看见夏天生火也不足为怪。

我们一起聊起了牧场和牧民的近况。旦正吉的爸爸有点兴奋地说："现在日子好多了。"以前他们一年大多时间都在牧场，不断在大山深处转场，条件有限，孩子的教育也受到很大影响，单纯放牧的收入也并不高。这几年国家的各种政策好，牧区得到了更多的支持，日子越

旦正吉牧场的家（李晓灵 摄）

帐篷座谈（甄建榜 摄）

来越好了。政府资助他们修建了漂亮的定居点，规划整齐，配套了幼儿园和学校，还有柏油路和太阳能路灯，真是大变样了。虽然他们很多时候还必须要待在牧场，孩子们也需要独自留守，但随着农牧经济的多元化，他们的收入越来越高，生活越来越自由了，可以越来越多地在定居点生活，争取放牧和照顾孩子兼顾。另外，他们现在也越来越重视孩子的教育了。他们意识到孩子一定要读书，读书才会有更好的前程。

旦正吉爸爸骄傲地说，旦正吉很听话，很努力，学习成绩不错，他们很高兴。旦正吉今年考上了高中，她很自豪。其实按照国家政策，她初中毕业就可以考中专，考上中专后享受国家民族政策优惠，学费全免。中专毕业后，她可以继续读大专。这对藏区的女孩子来说，已经是很不容易的事了。但是倔强好学的旦正吉没有报考中专，"我不想上中专，我想上大学"。我们问她，上了高中，如果考不上大学，怎么办？这其实不是一个简单的问题，如果考不上大学，就像旦正吉的姑父说的，就只能回家挤牛奶了。旦正吉显然并不怎样忧虑，因为姐姐已经给她做了一个不错的榜样。

旦正吉的大姐顺利考上了大学，现在在兰州现代职业技术学院学习旅游管理专业，这是她们一家人的骄傲。在旦正吉的手机里，我们看到了大姐的照片。大姐坐在草坪上，黑色长裤，白色运动鞋，青春靓丽，一副现代浪漫的样子。大姐的样子让旦正吉很是羡慕，在她眼里，大姐就是她的未来。旦正吉的爸爸也希望大姐毕业后能在兰州找到一份像样的工作。和大姐形成鲜明对比的是旦正吉的二姐，二姐不喜欢上学，只上到小学，十六七岁就早早结婚了。二姐和妈妈一样一年中有半年时间都在牧场放牧，早上5点多就起床挤牛奶，然后放牧，或者拾牛粪，只有中午才能稍稍休息一会儿，实在是辛苦。旦正吉不想过这样的生活，她想走出去，看看外面的世界，过一种不一样的生活。

旦正吉家有200多只羊，40多头牛，每年大概能有一两万元的收入。旦正吉的爸爸有自己的打算，家里收入虽然不算多，但供孩子上学还是可以的，只要孩子们愿意上，他就尽力供他们上学。孩子们上到什么地步，他就供到什么地步。让旦正吉的爸爸比较宽慰的是，国家现在对他们有很多的资助政策,小学和初中免收学费,高中只交书本费和伙食费,大学也有相当的资助。这样他们的负担就更轻了,供孩子们上学也就不怎么困难了。

  不过,让他们发愁的是,旦正吉的弟弟还小,淘气爱玩,学习需要加把劲儿才行。"你要听话,好好学习!"旦正吉的爸爸一边说,一边爱抚地摸着旦正吉弟弟的头。旦正吉的弟弟就像一个活泼好动的小猴子,窜来窜去,听见爸爸这样说,低着头调皮地笑了,我们也忍不住笑了。

  旦正吉牧场的家虽小,却温暖动人。这是一个有爱、有温暖的家庭,爸爸宽厚勤劳,妈妈慈爱勤俭,女儿聪明懂事,弟弟调皮可爱。在这个童话般的牧场里,旦正吉一家互相依偎,用爱和努力书写着她们对桑科草原和家人的深厚情感。这是属于桑科藏家的故事,属于草原的爱。

  不过,有一点也给我留下了深刻印象。旦正吉家的床不是真正的床,底下是用石头垒起来的,上面铺上了一层毛毯。毛毯虽然不薄,但是还是没有办法挡住从草地里蹿上来的寒气。坐下去没有多久,屁股下面就会感觉到丝丝潮气,让人倒吸一口凉气。帐篷的炉子虽很旺,还是无法驱散屁股底下的凉意。大多时候,脸很热,屁股很凉,有点儿冰火两重天的感觉。我想藏区人关节病比较多,是不是也与这种生活方式有关系。我对旦正吉说,可以建议他爸爸妈妈,买一个行军床,支起来睡觉,也可以随时折叠起来,不占地方,也方便转场运输。行军床离地面比较高,就可以有效地防止潮气升腾,对身体有好处。也许是我异想天开,或者是不了解情况,隔靴搔痒,旦正吉的爸爸听了之后仿佛有点不解,并没有回应。

  不管怎样,这个情节深深地扎进了我的心里,真的希望他们可以改变床的搭建方式,这对他们的身体有诸多好处。

  时间总是过得很快,我们要返回的时间到了。旦正吉一家有点不舍地送我们出来,暮色之下,草原仿佛披上了一件青色的薄纱,我们的心也被离别笼罩。临别前，我们在牧场的山坡上照了一张合影。旦正吉和爸爸妈妈都开心地笑着，那笑脸灿烂澄澈，分明就是草原的低唱。旦正吉的弟弟站得很直，一脸的庄重，似乎在发誓要听爸爸的话，好好学习一样。

桑科一家人（王晓梅　摄）

车子开出去之后，回头望去，还能看见旦正吉一家目送的身影。这片土地和草原是属于他们的，他们是主人，我们只是匆匆过客。这牧场和牧场上的人，将和桑科一起印在我们心里。

回到宾馆，已是华灯初上，我们召集学生开会，汇报一天的走访情况。学生们感触很多，随着采访的深入，他们看到了藏区的各种变化，采到了活生生的人和鲜活的故事，这令他们惊喜。当然，他们也看到了一些需要改善的地方。总之，行走让他们第一次触摸到了这片土地和土地上生活着的藏人，这是他们在象牙塔里无法企及的。

和我们今天的走访有关的是邵倩、张玉洁、白飞和甄建榜一组，他们在拉卜楞寺遇到了一个名叫洛桑拉姆的藏族女孩子。洛桑拉姆是西南民族大学的大学生，是藏族女孩子中的佼佼者。她爸爸是藏医，妈妈在当地开着一家店铺，从小接受汉藏双语教学，能用流利的普通话和人交流。洛桑拉姆显得很自信，她觉得自己除了在中学辅修了一门藏文课，其实和汉族学生并没有什么不同之处。她和许多藏族学生一样，期望接受现代教育，同时也能坚守自己的民族信仰，保持善良纯净的心灵。

洛桑拉姆希望自己学成归来，建设家乡。

这也许是新一代藏族大学生最鲜明的特征。

他们的稿子取名叫《带着信仰上大学》。

和妹妹转寺的洛桑拉姆（甄建榜　摄）

另外，陈莉红和魏金戈小组也采到了一个有意思的人物——扎西杰，这是一个热爱足球的桑科藏族小伙子。扎西杰在 11 岁时看到两个阿克（音译，意为僧人）踢足球，第一次被深深地吸引了，从此就爱上了足球。起先他和伙伴们在草原上踢，后来他就读的夏河藏族中学搬入新校区后，他就开始在学校新修的足球场上踢。夏河藏族中学是 2017 年教育部 6837 所全国青少年足球特色学校之一，这里也成了扎西杰足球梦想的生长之地。像许多钟爱足球的藏族男孩子一样，足球是他们联结外部世界的媒介，也是他们了解世界的窗口。他们踢球，一起看世界杯，通晓世界各个强队，也狂热地追星，像 C 罗这样的国际球星都是他们的偶像。

扎西杰在草原上练球（扎西杰　提供）

　　对于扎西杰和像扎西杰一样的藏族孩子来说，足球就是他们的另一个世界。在那里，夏河是夏河，也是世界。在那里，他们是他们，也是想要走向世界的一代新生藏人。

　　与之相似的是照相馆老板索南尼玛，他从上学就喜欢物理，喜欢钻研技术。他开过台球室和电器维修室，受邀在美国工作过15天，也去过印度、泰国和尼泊尔等国家。回国后，索南尼玛学电脑，学摄影，

2004年注册成立"民族文化传播有限公司",做广告宣传和视频制作。他协助拍摄的电影《青稞熟了》还获得了第19届北京大学生电影节第13届大学生原创影片大赛"民族题材特别奖",他也参加过《甘南曼巴》《温暖》等反映甘南藏人生活电影的拍摄,声名远播。

索南尼玛是一个真正走出甘南,和世界亲密接触,具有世界眼光的夏河人。

夏河也是艺术家休憩身心、寻找灵感的绝好地方。学生们在夏河遇到了第六次回到夏河的35岁甘南旅客画家刘伟群。每年夏天,都会有许多艺术家跋山涉水,千里迢迢来到夏河,来到甘南。他们是夏河的"候鸟",而夏河则是他们艺术的天堂。

夏河也是艺术的,轻盈的。

第四天(7月21日):转场合作

今天是离开桑科去往合作的日子。

早餐过后,开心和几个同学联系好了车子,没有多长时间,车子直接开到我们宾馆跟前,等候我们上车。但是有一个女生还没有下楼,催了几次都不见踪影,女票员却再也等不住了,直接冲我们喊:"你们到底走不走?不走我们就走了。"无奈我们只好上车,把那个女生留给后面来的两位同学。走进车门的时候,车里乘客对我们的抱怨之气就像箭一样射过来。我们只得低着头匆匆而过,溜到自己的座位上。心里禁不住暗自责备自己组织不力,出了这样的状况,我这带队老师自然难辞其咎啊。同时也不能理解,千叮咛万嘱咐要按时下楼,怎么有人就是不能下来?看来,组织纪律还是要加强。不过,这么多人出来,出点状况,也是可以想象的,这也许是行走不可避免的一部分。

这种郁闷很快就烟消云散了,因为一路上的景色太美了。车子在山间穿来穿去,就像穿过平平仄仄的诗句。天没有一丝杂质,蓝得像宝石,偶尔会有一缕云彩在山谷间飘浮,山上大片大片的油菜花开得正艳,黄澄澄的,宛如一条条彩带。

心里还是放不下桑科,桑科的寺院,桑科的草原,桑科的人。

无题（嘉欢师父 摄）

忽然看到拉卜楞寺的青年喇嘛嘉欢师父拍摄的照片，红色的寺院墙壁，红色的僧袍，晒红的脸庞，这些构成了拉卜楞寺特有的色彩。嘉欢师父是一位年轻有为、博学多才的青年喇嘛，精通藏学，谙熟中文，也能听说英文。他对自己的信仰是虔诚的，同时对外面的世界也是开放的，明达的，包容的。他的思想和言谈竟然和我们的学生没有太多的差别，他谈人生，谈哲学，也谈世界大势，真是难得！这也是拉卜楞。它让人再次审视拉卜楞，刻板、保守不属于拉卜楞，拉卜楞有它超越灵光的一面，任何单一的定义都是苍白的。

忍不住又胡诌了一首，权且算是留给桑科的留言。

照片

红的墙

红的袍

雕刻着日月山川

悲欢

在慈悲中生长

> 你看着我
> 像看着永恒的风

很快,我们就抵达了合作,熟悉的合作。

合作还是那么美丽,依山建立的藏族寺院连绵逶迤,九层佛阁巍然挺立。当然,还有合作市区隐隐可见的清真寺,以及居于山顶的汉族寺院,这一切都展示着合作的多民族和谐共处和民族文化多元共生。

宾馆住下之后,我们再一次聚到一起,商讨合作的行走和采访,民族文化、经济发展和教育突破依然是我们需要关注的重点。

散会时,已是夜色寂寂,星斗满天了。在兰州,很难见到这么美的夜空和星斗。想着满天星斗入睡,也算是少有的美事。

第五天(7月22日):重温合作

这一天,是学生们集中精力行走合作的一天。生活在合作的普通人,将是他们寻访的对象,因为在普通人的身上,最能看到合作的变化和风貌。

"三千·海bar"音乐餐吧是张玉洁、甄建榜、邵倩和白飞一组的寻访成果。这是一家坐落在九层佛阁附近的休闲餐吧,年轻现代、休闲娱乐是它的经营理念。身穿牛仔衣、头戴棒球帽的藏族男孩平扬是它的老板,因为合作海拔三千米,所以年轻率性的平扬就随手拈来,如此命名了。

平扬的创业之路不简单。2016年大学土木工程专业毕业的平扬进入了武汉的一个汽车公司工作,他从技术车间做起,一路上升,最后只用两年时间就做到了项目负责人的位置。他很拼,也很累,他曾经为了赶进度,连续工作48小时没有休息。有一年,他为公司创造了20万元的效益。

就在他的事业大有起色的时候,爸爸妈妈想让他离家近一点儿,于是懂事的平扬选择了辞职回家。回到家里,考公务员就是一个最现实的选择,但是平扬曾经考试三次,都没有成功。于是,他转而选择了创业。"我也不太想当公务员,做公务员有时候一眼就看到了未来40年的样子。"这是平扬的心声。说做就做,平扬立马就开始了自我创业之路。平扬很快就办妥了各种经营手续,接下来他采取了加盟经营的办法,咖啡、奶茶和咖喱饭都是加盟经销。这样入场快,如果有问题,也方便灵活更换。很快,平扬就有了属于自己的特色菜单。为了突出年轻现代的特色,平扬还请来了一位年轻的驻唱歌手,以嘻哈音乐和说唱为主,也有一些自创的歌曲很受欢迎。其中,"I'm from GanNan"就是他们经常播放和演唱的自创歌曲。嘻哈和 rap 说唱的凸显,实际上是这个藏族大学生文化观念和经营理念的产物。在平扬眼里,合作是一个民族传统文化非常浓厚的城市,民族传统文化是瑰宝,当然应该大力保护和传承。但是合作也是一个旅游城市,和世界合拍,接受流行文化,凸显年轻现代、流行多元的文化,也必不可少。他所做的恰恰就是这个事情。尽管"三千·海 bar"音乐餐吧还在起步阶段,但是什么能阻挡一颗年轻勇敢的心呢?在合作,像平扬一样的藏族青年越来越多了,他们是甘南的"归化军团"。他们尝试着用青春和学识去寻找自己的路,也为这个城市传唱属于自己的歌声,而国家的各种民族优惠政策也为之提供了有力的支持。

因为这些年轻的心灵,合作开始悄然变化。

对于合作来说,像平扬一样的藏族大学生是回归者,他们因求学而远走他乡,又因家乡的呼唤而回归合作。与之不同,"吃四川"小吃店的川人老板娘金婵则是纯正的外来者。她生于四川,长于四川,最后来到合作,成家创业。"吃四川"和金婵的藏地故事,见证了合作的经济发展之路,也展现了合作外来者如何融入合作,成为合作一员的历史。

"吃四川"是合作一家普通但不简单的川味小吃店,金婵早在1987年就来到了这里。为了合作当兵退役的丈夫,25岁的金婵带着一岁半的孩子从四川眉山来到了合作,一住就是三十多年。刚到这里的时候,合作是落后而陌生的,它仅仅是夏河县管辖的一个小镇,地处

平扬 （甄建榜 摄）

"三千·海 bar" 音乐餐吧（甄建榜 摄）

内陆，交通闭塞，经济滞后。那时，合作人就吃面食和糌粑，根本买不到蔬菜、腊肉和卤鸭子之类的东西。物质的匮乏，气候的干旱，习俗的不同，都让金婵很是郁闷。但是，为了丈夫和孩子，金婵没有退缩。1998年，合作市正式成立，经济开始快速发展，但和四川相比，依然差距很大，也有诸多让人不适应的地方。"那猪就在地上跑，人们的素质也不太好。"金婵现在还是记忆犹新。为了生活，金婵做过好多生意，推小车卖麻辣烫，开水果店、酒店，起起落落，但她始终没有放弃。后来，合作的发展越来越好，土路换成了柏油路，各种楼宇纷纷拔地而起，人们的藏式皮袄也更多地换成了现代服装，民族旅游业如火如荼。金婵借此开了自己的川味小吃店"吃四川"。当时"吃四川"还是整个合作市第一家麻辣烫店呢，人们纷纷前来品尝。每到下班时分，"吃四川"的门口都会有好多客人停放的自行车，生意火爆兴隆。随着21世纪的积极发展，"吃四川"的客人由原先的藏人逐渐增加了不少操着外地方言的游客，门口的自行车也逐步被更多的小轿车和旅游大巴代替。到现在，合作已经一变而成为甘南州的首府，光彩四射，而"吃四川"也已经是合作麻辣烫行业的领头羊，在甘南有了好几个加盟店。金婵作为一个川地的外来者，早已经没有了客居的困惑，变成了合作的一员。"现在这里好啊，假期回四川的时候我都有点不太适应！"金婵的感慨是如此的真实，她见证了合作的外来者如何与合作一起成长发展，也显示了合作的包容和融合。

这个由郑欣悦、陈莉红、魏金戈和柴叶婧采写的故事有着相当的典型性。在合作，外来者的进入、定居和本土化，不单单是经济发展的动力，也是合作走向世界的方式之一。有了这些外来者，合作才是藏人的合作，也是多元混杂的合作，并由此催生不尽的活力。

在魏金戈、柴叶婧、陈莉红和郑欣悦的采访中，合作不仅仅只有民族和传统，随着经济的发展，合作也日渐出旧入新，显示出不甘落后、与时代同步的劲头来。

一条名为《快剪甘南·你眨眼了吗》的抖音短视频勾起了学生们的兴趣。这条播放114.4万次、被点赞1.6万次的网红短视频是甘南州旅游局制作发布的，而甘南州竟然是甘肃省首家与抖音建立正式合作关系的政府机构，这是我们所无法想象得到的。之前，甘南用"走出去"和"请进来"的方式，通过邀请当地媒体和旅行社到外地开推介会，并与腾讯和今日头条进行宣介合作等方式，取得了不错的效果。但是，这种办法在短视频流行的当下很快就出现了不足。按照旅游局相关工作人员的话说，"不在网络上进行宣传，那就是不平衡、不充

◆◆ 重走与新知

夜色中的"吃四川"（郑欣悦 摄）

分的宣传"。"老百姓喜欢并且关注抖音，我们就要借助抖音来宣传。"甘南州旅游局首先请今日头条指导抖音短视频制作，然后甘南州8县（市）旅游委（局）、甘南广播电视台先后开通了抖音官方账号，全面传播甘南的美景和美食。同时，甘南还邀请网络达人走进甘南，拍摄作品，宣介甘南。其中，"九色甘南抖起来"抖音大赛走进甘南活动就是一个影响大、效果好的活动，同时，甘南州旅游局抖音账号的作品在十多天的时间内播放量已经突破千万次，产生了不错的传播效果。

在我们的想象中，甘南一直是以民族和传统为特色，没有想到，它竟然也是前卫的，新潮的。抖音和新媒体的充分利用，让甘南露出了现代、进取的一面。学生们稿子的题目是《甘南也要"抖"一

川人老板娘金婵（郑欣悦　摄）

"抖"》，一语双关，把甘南的"抖"擞精神、锐意进取的特点，和抖音短视频的"抖"，一并凸显了出来。

我想，甘南也要"抖"一"抖"的总结，确实道出了甘南新媒体宣介的"真情"。

此外，学生们偶遇了兰州理工大学环境保护协会的徒步营，也了解了已经持续六年的甘南红色环保"革命"，即用一种可降解的红色环保袋取代塑料袋，而这已经得到了市民的普遍认同和践行。对甘南来说，自然环境的保护，既是牧民放牧得以生存的基础，也是旅游业持续发展的保证，环保观念和活动的发展，对甘南的环保事业有举足轻重的作用。所以，甘南这样做了，市民的环保意识逐步增强，环保行动也日益增多，草原得到了保护，生态进一步改善，旅游业也随之更加兴盛。

合作一天，我们看到的是合作的"归化者"、外来者、宣介者和环保者，一个注目现代、吸收内化、传播求新和力主环保的合作逐步清晰。它不断地更新着我们对合作、对甘南的认知和评判，所有的定式和刻板印象都在悄然消散。这就是行走的价值之一。

当然，我们也去了合作市区附近的当周草原，再一次登了九层佛阁。美丽的草原和神奇瑰丽的佛阁，把我们带入了一个梦幻般的世界。

之后，我们又去寻访了合作的女寺。女寺对我们来说十分神秘，让我们充满了好奇。我们去的时候并不凑巧，寺院里人不多，我们没有采到有价值的信息，但是一个关于鞋子的场景给我们留下了深刻的印象。当时，年轻的女僧们正在里面做功课，她们的鞋子则是比较散乱地放在了大殿的外面。这些鞋子五颜六色，样式也各有特点，都是一些牌子不错的运动鞋，看来女僧们也喜欢穿比较现代的运动鞋。在这些运动鞋里面，有一双传统的藏靴，自然地躺在地上，藏青色的靴身，厚实的靴底，庄重而深沉。

女僧的鞋子（李晓灵　摄）

多彩的运动鞋和庄重的藏靴的并置,本身就是一种耐人寻味的存在。运动鞋轻松自然,现代灵动,充满动感,它是现代文明的符号之一。藏靴凝重传统、民族且古老,它安静从容,是传统民族文化的指代之一。藏靴跻身在运动鞋之中,一方面表达了运动鞋对藏靴的包围,继而显示了现代文明对传统民族文化的围困;另一方面,藏靴体量最大,最为显眼,又表明藏靴对运动鞋的统率,从而凸显了民族地区民族传统文化对外来文化的统制和引领。这样,藏靴和运动鞋的纠结,在某种程度上指代了藏族民族文化当下的复杂情况。这一点儿也不奇怪,也无须惊诧,文化的纠葛其实也是民族文化自我发展的动力之一。

晚上,自然又是开会总结一天的收获,并预报明天的采访规划。学生们很兴奋,也很感慨,当然也有遗憾。

第六天(7月23日)李办麻:守护也是一种信仰

又要和合作说再见了。

一大早我们就坐上大巴,开始向卓尼进发。合作的寺院和草原一同慢慢远去,心里不断默念着合作,默念着再见。

再见,可能再也没有再见。

沿途的风光自然是绝美的,天蓝得没有杂质,洁白的云彩悬浮在空中,飘浮在山间。我们的车子越过山坡,穿过草原,在临潭做了一个短暂的休息。临潭也是一个很有意思的地方,这里穆斯林比较多,藏民和汉民也不少,亦是多文化交汇并存的地方。临潭古称洮州,处于中原的边陲之地,历来被称为"汉藏走廊"和"进藏门户",其中佛教、伊斯兰教和基督教并立,和谐共处逾百年。临潭藏传佛教寺院众多,江可寺院、侯家寺院和玛奴寺等声名远播,汉族佛教庙院中慈云寺则始于两晋吐谷浑时期,历史悠久,香火鼎盛。同时,临潭是中国伊斯兰"西道堂"的发源地,清真华大寺坐落在临潭县城关镇中央,是甘南最古老的一座著名清真寺,信徒众多,影响深远。其他如清真上寺、清真西大寺等也影响不小,非同凡响。当然,汉族的道教道观也都跻身其中,尤其在莲花山多有建造。在这里,最令人惊叹的是，临潭也有基督教教堂，临潭有甘南州七县一乡唯一具有政府批准的基督教会。早在1860年美国传教士伊斯顿就将基督教传入了临潭和卓尼县，一年后伊斯顿回国。1891年英籍传教士克省吾与美籍传教士斐文光、席儒珍等受美国宣道会派遣，由西安来临潭旧城（今临潭县政府所在地城关镇）传教，基督教遂流传至今。现在的临潭县城关教堂于1996年在原址重新修建而成，中国传统古典建筑与现代建筑风格相结合，质朴大气，神韵天成。三教并立的景观出现在自然环境相对封闭的临潭，实在是一大文化奇观，它也证明了甘南的容纳与独特。

当然，这些独特的景观我们只能通过网络脑补，如果有机会的话，我们真应该去看一看。

在临潭县汽车站，我看到的是另一种景象，杂乱的电线，汉、藏、回相互混杂的身影和黝黑质朴的脸，以及新旧相间的建筑，我喜欢这种杂乱的感觉和那些黝黑的脸庞。

临潭，我们小憩之后，继续出发，奔向期望已久的卓尼。

中午时分，我们抵达卓尼，入住去年住过的圣原大酒店。临潭县城的地形有点像兰州，两边是山，中间是滔滔的洮河，傍山临水，呈条形分布。圣原大酒店在县城的中间，前面是山，郁郁葱葱，后面就是洮河，汩汩滔滔，奔流不息。

午饭之后，稍事休息，我们就直奔杨土司纪念馆，因为那里有我们重走之行的缘起——范长江西北行的足迹。1935年8月20日，独闯西北、为中国寻找出路的范长江来到卓尼，和卓尼土司杨积庆留下了一段脍炙人口的友谊，也为后世留下了关于卓尼的珍贵写照。

我们一行人从洮河的吊桥上走过时，已经有点儿变天了，天上阴云密集，风也刮了起来。我们不得不加快脚步，急速奔向杨土司纪念馆。到杨土司纪念馆门口时，已经是风雨交加了，学生们早有准备，没过多长时间，一个五颜六色的伞阵立马成形。杨土司纪念馆的大门是开着的，我们进去之后，纪念馆的门却锁着。我让开心到后面去找上一次帮我讲解的老先生。不一会儿，70多岁的藏族老人李办麻爷爷

临潭的行人（李晓灵　摄）

就来了，他热情地帮我们打开了门，我们鱼贯而入。不幸的是，纪念馆停电了，老人电话联系，得知电什么时候来还不好说，参观一下子好像无法进行了。关键时刻，有学生建议，其实手机的手电筒是可以照明的呀，大家都把手机手电筒打开，那不就是一个效果独特的照明系统吗？于是，学生们纷纷打开手机手电筒。一时之间，漆黑的纪念馆内众多的"手电筒"亮了起来，大大小小，或明或暗，宛如夜空中的星星，又似大海上的明灯。在李办麻老爷爷的带领下，这些璀璨的灯光一会儿团聚在一起，寂静无声，一会儿窸窸窣窣，缓慢向前。恍惚间，我们仿佛一下子回到了历史的隧道，亲眼目睹了杨积庆和范长江的深夜畅谈，纵论天下，还有杨积庆后来的让路护道、开仓济粮，以及最后的喋血饮恨。一个其后名扬天下的新闻人，和一个世代拱卫

◆◆ 重走与新知

临潭的笑脸（李晓灵　摄）

卓尼的土司，因为西北，因为国家，在卓尼相交，迸发出耀眼的光芒。而今天，这段历史在一个藏族老人的带领下，在手机的微弱灯光下，再一次进入了一个个年轻的心里。这或许是历史的机缘，它昭示着历史和现实的奇妙交合——历史不死，激活历史，反思历史，将是一代人的神圣使命。

参观结束之后，雨还在下，我们走不了，只能在纪念馆暂避一时。令人惊喜的是，避雨期间，关于李办麻老人和杨土司纪念馆的故事却进入了我们的视界。

我们借机采访了李办麻老人和他的老伴拉目草奶奶。

"杨土司为我们藏区做了很多很多好事，在我心里，杨土司就像佛一样，我们情愿一直守着他的纪念馆。"这是李办麻老人的心声。李

"历史的灯光"（葛俊芳　摄）

办麻老人已经70多岁了，现在和老伴拉目草奶奶一起住在杨土司纪念馆后面一间不到20平方米的板房内，他们是杨土司纪念馆的守护者。

在李办麻老人夫妇眼里，杨土司就是他们的民族英雄，他们对杨土司有着近乎神一样的敬仰。就在房间正上方的位置，他们至今为杨土司供奉着酥油灯，这是一种深深的民族情感。

十七年的守护（甄建榜　摄）

虔诚的李办麻老人（甄建榜 摄）

十七年前，是李办麻老人的姐姐守护着纪念馆。之后，李办麻老人从年老的姐姐手里接过了这个特殊的任务。这既是对姐姐的尊重，更是源于对杨土司的深深崇敬。他要为姐姐完成这个夙愿，也要给自己的敬仰一个交代。当时的纪念馆，还是苏联专家设计建造的木质结构，李办麻老人就和老伴拉目草一起住在楼上。他们没有工资，也没有补助，每天打扫展厅，10余年如一日。他们没有怨言，一切都是来自敬仰。有敬仰，坚持便是日常。

李办麻老人文化程度并不高。"我只读了两年书，到现在字都不认识几个了，都忘了。"但是为了守护纪念馆，给参观者讲解杨土司的故事，老人经常去看展馆的图片，自己也经常收集一些关于杨土司的故事。慢慢的，老人对展馆的资料和照片就熟了起来，甚至达到了倒背如流的地步。每每有人来参观，他都热情讲解，从不厌烦。一时间，他成了杨土司纪念馆的义务讲解员，他讲解历史，而他更是历史本身。

2012年卓尼重建杨土司纪念馆，展厅在旧址的基础上进行了重新装修，变得更加漂亮，更加干净。李办麻老人夫妇也从二楼搬了下来，搬到了后面专门为他们修建的板房里，房子更加宽大，更加亮敞，也更加保温舒适了。李办麻老人的待遇也有了很大提高，不用充当讲解员就可领到政府的1500块钱补助。同时，政府也为纪念馆派来了专业的讲解员，替换李办麻老人做讲解。他们讲解得更加优秀，更加专业，纪念馆真是越办越好了。尽管如此，李办麻老人依然看图识字，收集故事，和老伴拉目草老人一起守护着纪念馆，每天早晚准时开门关门，及时打扫展厅，没有一丝的懈怠和大意。

李办麻老人在某种程度上已经和杨土司以及杨土司纪念馆紧紧连在了一起，并且逐渐成为与之相关的符号之一，串联着遥远的历史和这片厚重的土地。虔诚和敬畏是唯一的理由。

"这样的日子，就是我对杨司令最大的尊重。"这是李办麻老人的剖白，也是他的信条。在某种程度上，这也是卓尼藏人心声的代言，表达了对民族记忆的深深缅怀。

"假如有一天我不能守了，我希望国家还能派人来，继续守护杨司令的纪念馆。"李办麻老人最后如是说。

守护，就是另一种信仰，李办麻老人便是很好的证言。它显示了这片神圣的土地对历史的无限敬仰和深刻铭记。

回到宾馆，已经是夜色沉沉了，卓尼沉浸在静谧的灯火中，美丽而温柔，只有洮河的流水声不绝于耳。想着范长江，想着杨土司和洛克，久久难以入眠。

我们该用什么来回应这片深沉的土地呢？

第七天（7月24日）：卓尼的颜色

早上，打开窗户，卓尼露出了清新亮丽的一面。对面的山郁郁葱葱，一片碧绿，山顶上乳白色的云雾时而浓重，时而轻飏，简直就像世外桃源一般。阳光很快就出来了，卓尼的街市阳光明丽，人来人往，三格毛的民族服饰鲜艳夺目，不时有喇嘛穿着红色的僧袍来去，街角的自由市场也是热闹非凡。此时，卓尼显示出了她斑斓迷人的色彩，清丽动人。

早饭后，我们去了禅定寺，禅定寺依然庄严肃穆。这一次我们遇

集市上的三格毛（李晓灵　摄）

奔跑的小喇嘛（李晓灵　摄）

到了一个年轻的喇嘛，他的讲解让我们对禅定寺有了更多的了解。我们看到了供奉在案、用黄色绸缎包裹的《大藏经》，看到了禅定寺僧人们交流经义的讲坛，也看到了一家人为他们做喇嘛的儿子建造的家。

我们再一次看到了禅定寺深处的厚重历史，也看到了宗教和世俗相交织的奇妙现实。

中午，我们和去年偶遇的三格毛美少女杨京燕一起吃饭。京燕还是那么文静，那么秀气，言谈中充满了对未来的期望。她送给我们一包卓尼的野菜，让我们很是感动。在卓尼三年的行走，我们与这里的人结下了特殊的友情，野菜就是很好的证明。

学生们又去采访了洮砚大师张建才，虽是旧友，我因有事，没有能够成行，甚是遗憾。

学生们发现了另外一个很有意思的选题——电商扶贫，这是一个新鲜度很高的话题。我们也很好奇，包括卓尼在内的甘南电商扶贫搞得究竟怎么样？亟须完善的策略是什么？

刘一鸣和吴晓莹两位同学对夏河和卓尼的电商扶贫进行了较为细致的研究。因为视野所限和时间有限，他们并不能就这一问题进行系统深入的了解，并提出具有针对性的对策来，但是他们的走访也确实看到了两地电商扶贫的些许现状。

首先，他们看到了电商扶贫对卓尼和夏河这样的少数民族地区的重要意义。习近平总书记指出："发挥互联网在助推脱贫攻坚中的作用，推进精准扶贫、精准脱贫，让更多困难群众用上互联网，让农产品通过互联网走出乡村，让山沟里的孩子也能接受优质教育。"习总书记的指示，显示了中央对电商扶贫的高度重视。有关部门借此东风，在全国大力推广电商扶贫政策，并逐步加大了各方面的政策支持。他们了解到，近年来，电商扶贫的政策在全国590个贫困县陆续展开，取得了不错的成效。

其次，他们也看到了卓尼和夏河在电商扶贫方面的积极作为，它们鼓励村民积极加入农牧特产收购和销售的环节，协助和吸收贫困户参与其中。这既增加了就业岗位，又推动了农产品的销售，提高了家庭收入，可谓一举多得。

成立于2009年的卓尼县山珍土特产责任有限公司就承担起了这个

特殊任务，它原本就是进行本地区农产品经营和销售的公司。电商扶贫政策出台后，该公司中标卓尼县电商扶贫政策具体负责企业，并挂牌成为卓尼县电子商务运营中心。卓尼县山珍土特产责任有限公司在全县设立了十几个电商服务网点，聘用毕业返乡的大学生做各个网点的负责人。各个网点收购村民的土特产，公司再从网点进行收购，最后统一贴上标签进行线下以及线上销售。可以说，卓尼县的电商扶贫已经初具形态，并且取得了一定的成效。

最后，他们看到了卓尼和夏河电商扶贫的问题所在。夏河县的土特产多为生鲜类，如牦牛奶、牦牛酸奶、牧民自制的辣椒酱等，保质期短，运输要求高，市场准入门槛也很高，这对交通线相对落后的夏河来说是一个难以克服的困难。卓尼的土特产多为山珍以及药材，从高档类的羊肚菌、松茸和冬虫夏草到低档类的野生黑木耳、蕨菜等，品种较为丰富。这些特产多为干货，便于保鲜运输，市场准入门槛较低，这是卓尼电商扶贫的有利条件。但是，卓尼电商扶贫的深入度还有待提高，村里牧民和贫困户在现实电商扶贫的链条上多局限于产品收购，其他环节缺乏有效的参与，在一定程度上影响了电商扶贫的有效性。

其实，这个问题不难想象，就是兰州附近较为发达的县镇也普遍存在着这样的问题。村民的新媒介使用程度和媒介素养的提高绝非一朝一夕之功，它可能是一个漫长且艰苦的过程。这些市县也在摸索推进的过程中，卓尼和夏河有这样的问题，也是现实使然，不足为怪。

为了验证电商扶贫的成效，两位细心的同学做了一个小小的实验。他们通过淘宝查询卓尼电商的店铺，发现其网上销量并不乐观，主要还是靠线下销售。可以想象，两位同学的考察和验证并不系统深入，也未必科学准确，但有一点可以肯定，卓尼和夏河等藏区的电商扶贫空间还很大。他们大可以继续完善，系统建设，调动一切资源，借国家电商扶贫的政策东风，为少数民族地区的电商扶贫插上飞翔的翅膀。

此外，我们还发现，卓尼县的政府大楼高大雄伟，广场民族特色

卓尼县电子商务运营中心（吴晓莹　摄）

卓尼电子商务运营中心线下体验馆（吴晓莹　摄）

浓郁，宽阔而壮观。卓尼的教育也不错，在大街上，我们感觉到，会说普通话、能听懂普通话的卓尼人要比夏河多一些，卓尼显然要比夏河更加现代一点。

忙碌的一天很快就结束了，我们还没有来得及细细考察卓尼，离别就已经迫不及待地来临了。我们的归去也迫在眉睫，因为再美的行走也有结束的时候。

晚上，我们一起总结了这次甘南之行的得与失，学生们感叹甘南的巨大变化和快速发展。他们为所见所闻兴奋不已,也为脚步触及的这片土地而感慨。"读万卷书,行万里路",这话一点儿也不假。他们收获了新闻,也收获了情谊,有了象牙塔里全然不同的感受,这是他们值得骄傲的地方。当然,由于时间所限,加上学生们阅历有限,他们并不能全然了解甘南。他们的见闻可能是有限的,不全面的,不深刻的,为此他们深感遗憾。但是,这也恰恰是行走的价值之一——知不足,然后可以奋其志;察自我,然后可以思家国。

开心也汇报了财务收支状况,基本合乎我们简约有度的设想。最后,我们也安排了第二天返程的其他事情。

开完会,躺在床上,隐隐约约能够听到洮河流淌的声音,那是离别的曲子。

第八天（7月25日）：返回兰州

早上很早就醒来了,收拾好了行李,吃完早餐,我们就坐上大巴,踏上了返回兰州的路途。回首望去,卓尼五彩斑斓,河水汤汤。再见了,美丽的卓尼。

一路上,依旧是草原、羊群和村庄。在临潭,我们再一次小憩了一下,我又见到了来时偶遇的穆斯林小伙子。

这是一个有意思的桥段。

临潭汽车站有一个卖清真大饼的小店,店主是一个憨厚的青海小伙子。合作到卓尼途经临潭,停歇的时间转到他店里。他问我:"这几天干什么呢？几天没见了。"我很诧异,其实我不认识他,就随口说:"玩呢。"他冲我嘿嘿地笑:"你还好啊,到处玩！"我没有戳破窗户纸,笑了笑,买了他的饼,就上了车。他的饼很好吃。

这一次小停,我又转到了他的店里。他见我,还是满脸的憨笑:"老哥,回来了？去哪里玩了？"这次我说了实情。我说带学生社会实践,从夏河到合作,再到卓尼,要回兰州了。

我买了他一个最大的饼和两个厚厚的饼。他麻利地把饼装到红色的袋子,在递给我的时候,突然把一个肉馅饼塞到袋子里,递给我。

"远方的朋友,送给你。我们有眼缘。"他憨憨地笑。一句话,一个饼,倏忽之间就感动了临潭,感动了这个甘南的县城。

"祝你生意越做越好!"我这样说着,随即拿着饼转身,奔向即将开动的大巴。

临潭汽车站卖大饼的穆斯林小伙子(李晓灵 摄)

不幸的是,快到大巴的时候,袋子破了,几个饼子掉出来,在路面乱滚。我有点儿狼狈,几个学生上来帮忙替我捡。我跑回去,跟他要包装袋。

"你的礼物太重了,袋子破了。"我说。

他哈哈地笑,给我袋子。"老哥,你真会说!"

回到车上,车子慢慢开动,透过窗子,还是能看到那间普通不过的大饼店。

心里说不出的感动,我不断地在心里暗自念叨,我憨厚的穆斯林兄弟,祝福你!我会记着临潭,记着临潭汽车站的这个大饼店,记着你!

这也属于甘南。

车子离了临潭,继续前行,劳累的学生们一个个都昏昏睡去。我们经过合作，抵达临夏的时候已经是中午时分。我们在路旁吃了一碗羊肉面片之后，再次等车出发，到达兰州时，已经是下午了。我们又见到了熟悉的黄河，然后散伙分手。

就这样，历时8天的甘南之行结束了，我们与甘南的情缘就此画上了句号。

再见，甘南！我将用思念串起关于甘南的记忆，甘南的草原，甘南的山水，甘南的人，我都将深深地怀念。

因为，那里连着我们的土地，我们的时代，我们的灵魂。

2018年10月1日于兰州黄河家园家中

第四辑 "甘南"续走：一个村庄的故事

引 言

2017年是我第二次带学生"重走西北角"甘南线。初走甘南，甘南的美丽风光和社会发展令人感慨不已。再走甘南，我们更加深入地考察甘南，继续对甘南的社会、经济、宗教和人文进行田野调查。我们深刻地感受到了甘南的蓬勃发展和日新月异的变化，也采写了不少关于这片土地和土地上的人的故事。作为一代学子，甘南组的同学们发出了由衷的惊叹，他们体察到了甘南藏区巨大的社会变革，也发现了甘南藏区社会发展的一些困难和问题。他们用自己稚嫩的笔写下了关于甘南的故事，关于甘南的思考，以及关于甘南的期望。最终，他们的稿件通过中国甘肃网等媒体传向四方，让读者更多地看到了今日之甘南，今日之藏区。

对于甘南，我们做了想做和该做的事，这是我们的责任和担当，也是我们的愿望所在。但愿甘南的明天愈加美好。

在一个激烈变革的时代，为这片土地和土地上的人，做一些力所能及的事，该是多么自豪啊。

然而，行走的步伐一旦迈开，就很难停得下来。走完甘南之后，回到兰州，我们的心还是难以平静，行走的念头依然如此强烈。

这是个变革图新的时代，我们岂能困守书斋，闭门造车？

我们还要走，我们不仅要走甘南，走藏区，我们还要走出甘南，走迥异于藏区的地方。汉藏一体,同为中华之砥柱,我们要以汉藏映辉的方式,来为当下中国的时代发展做注解,并以此作为"重走西北角""甘南"之续走。

由此,就有了关于我的老家兰州榆中朱家湾村的走访——一个村庄的故事。

8月16日,我带领甘南组的成员刘继衡、张玉鑫、黄淑君和李芙蓉四位同学,回到了我的老家兰州市榆中县城关镇朱家湾村,进行了为期三天的甘南续走采访活动。

三天时间里,我们了解了邻村分豁岔的扶贫工作和美丽乡村建设情况,考察了我们村的历史文化遗迹——唐朝交河郡夫人古墓遗址及其保护状况。最后,我们又做了朱家湾60年文艺演出历史与现状的访谈。在此基础上,我们采写并发表了《一个乡村60年的"文艺之风"》(刘继衡、岳蓉媛、武永明,《兰州晨报》2017年11月2日特稿版)、《高昌国王故居今何在?——榆中朱家湾唐代石棺墓葬访记》(黄淑君、刘继衡,中国甘肃网,2017年10月11日)两篇稿件。在"重走西北角"的历史上,能够在主流纸媒以特稿整版发表,这还是第一次。这两篇稿件和其他甘南的稿子一起构成了甘南组"重走西北角"的最终成果,赢得了师生和社会的关注和认可。

更值得欣喜的是,我们的报道引起了央视《中国影像方志》摄制组的关注,并将朱家湾定为《中国影像方志·榆中县》的重要拍摄地之一。《中国影像方志》是中央电视台2017年开始摄制的一部大型史诗级纪录片,计划在全国每个县和县级市各拍1集,计划摄制2300集以上。迄今为止,《中国影像方志》已经拍摄并播出数十集,影响深远。能够被《中国影像志》栏目组相中,这对朱家湾村、甘南组乃至"重走西北角"活动来说都意义重大。

2018年4月26日,央视《中国影像方志》摄制组来到朱家湾进行拍摄,同时来跟踪拍摄的还有甘南组的蒋捷、高泽宇和陈鹏仲。对这次活动,县镇村各级政府都高度重视,朱家湾村则隆重相迎。这一天，朱家湾推出了秦腔演出和秧歌表演，观者云集，热闹非凡。之后，甘南组的同学又采写了《〈中国影像方志·榆中县〉有望下半年登陆央视一套》（武永明、蒋捷、刘继衡，《兰州晨报》2018年6月27日）和《兰大学子报道引关注，央视来到了榆中朱家湾——〈中国影像方志〉朱家湾拍摄侧记》（蒋捷、刘继衡，兰州大学新闻学院"灵读书"微信公众号）两篇稿件，展现了央视《中国影像方志》朱家湾拍摄的过程和意义。据央视摄制组人员透露，片子已经制作完成，不日将搬上荧屏，和观众见面。

这些稿件从不同侧面凸显了朱家湾的历史和当下，以非虚构写作和新闻写实的笔调，展现了一个村庄的历史变迁和文化传承，字里行间透露出独特的视角和思考。其笔触之细腻，观察之细致，思考之深入，都给人以深刻的印象。

细观之，朱家湾文艺演出的几篇稿子，虽有重复之处，但各有侧重，各有特征。这些稿子的底本是我在2009年写的《最是戏中日月长——建国60年朱家湾文艺演出掠影》。作为朱家湾文艺演出的一员，我的这篇文章勾勒了朱家湾文艺演出60年的历史轮廓和基本情状，为甘南组的同学们提供了基本资料。相比之下，我的《最是戏中日月长——建国60年朱家湾文艺演出掠影》以内在视角展开，更加详尽，更加全面，且老旧照片的充分加入，更为生动可感。而刘继衡等的《一个乡村60年的"文艺之风"》则以外在视角审视，更加简略，更有侧重，更具新闻写实之气。《兰大学子报道引关注，央视来到了榆中朱家湾——〈中国影像方志〉朱家湾拍摄侧记》和《〈中国影像方志·榆中县〉有望下半年登陆央视一套》两篇稿子立足央视拍摄，重在现场感，60年文艺演出历史作为背景资料出现，所以更加简略，几乎是速写手法。而且，两篇稿子本身也有很大的不同，前者侧重于现场的全景式呈现，后者则以历史和采访为基础，注目于意义挖掘和前景展望。总之，这些稿子用不同的视角和侧面，竭力还原朱家湾60年的文艺之风，态度是诚恳的，笔法是客观的，期望是热切的。

如果说60年的文艺演出历史，是对朱家湾当代历史特殊维度的书写，那么唐代石棺和朱家湾作为高昌故里的历史考证，则是朱家湾历史渊源的深掘。

对这个西北极其普通的乡村来说，文艺演出史回答了"我是谁"的问题，而唐代石棺则回答了"我从哪里来"的自问。

黄淑君、刘继衡的《高昌国王故居今何在？——榆中朱家湾唐代石棺墓葬访记》是关于朱家湾历史的还原。高昌国的历史为人所熟知，但朱家湾石棺及其隐含的高昌国历史却鲜为人知，黄淑君和刘继衡的这篇稿子就试图再次深挖这段历史，为朱家湾正名。其实，此前关于朱家湾石棺已经有了一些报道和论证。李宝泉和张文玲的《唐代石棺——兰州贵族文化的地下见证》是其中较为全面、较具史料价值的报道。这篇报道对石棺文物考古和相关高昌历史作了比较详尽的记述。报道认为，"从墓主人的贵族身份和高昌国麴氏家族在西域拓疆立国、兴衰强盛的史料中，看到了中华民族地域相连、民族融合的历史进程，同时也看到了中华文化博大精深、源远流长的历史"[①]。《兰州晨报》记者黄建强的《榆中一座古墓，揭开大唐攻灭高昌国的一段往事》也是一篇很有特色的报道，报道对棺主身份和高昌国历史进行了系统周密的挖掘。此外，梁卫忠的《丝绸之路榆中印记》、李周明的《甘肃榆中的这具石棺牵系着古时西域的一个神秘王国》（凤凰网甘肃频道，http：//gs.ifeng.com/c/89s57nL17s6）等也是类似报道。其中，梁卫忠的《丝绸之路榆中印记》还宣称，"麴文泰，唐代时高昌国国王，祖籍甘肃榆中，高昌延和二十二年（公元623）嗣位。其祖上麴嘉出生于甘肃榆中县城关镇的朱家湾村"[②][③]。当然，其界定还

[①] 李宝泉、张文玲：《唐代石棺——兰州贵族文化的地下见证》，《兰州日报》2013年11月11日，http：//www.gansudaily.com.cn。

[②] 梁卫忠：《丝绸之路榆中印记》，兰州市榆中县政府网，2018年2月2日，http：//www.lzyuzhong.gov.cn/art/2018/2/2/art_1741_446116.html。

[③] "麴"和"麯"系异体字，经查证，大多采用"麴"，似为更宜。不同资料用法不同。为尊重资料原文，采用保持原貌之法，故而书中存在不同字样。

需要学界进一步确认。

除了媒体的关注,学界也对朱家湾石棺进行了研讨。1990年,北大考古系教授宿白先生考察时,对石棺雕刻赞誉不已,称这是"一具唐代浮雕的典型杰作"①,而且"全国少有,西北罕见"②。"后经文物部门专家鉴定为国家二级文物。交河郡夫人墓的出现,弥补了兰州地区地下唐代文物的空白,为地方史志的编纂提供了极其重要的参考依据,是甘肃迄今为止发现的唯——处以山为陵的唐代贵族墓葬"③,足见评价之高。之后,在中国社科院边疆研究所主办的CSSCI期刊《中国边疆史地研究》上,朱家湾石棺的考据还引起了一些争议。李维贵的《交河郡夫人慕容氏墓志序碑文——兼与孙永乐先生商榷》就孙永乐的《交河郡夫人墓·高昌·吐鲁番——兼述高昌与中原的关系》(《中国边疆史地研究》1994年第2期)进行了商榷和校核,并确定墓葬"碑文多达约446字,其中已失的字就达约164字"④。论文进一步认为,此墓主人定为女性是根据墓志铭文和出土头颅骨等遗骨而定,非所谓青龙和白虎左右位置之说。同时,陈守忠、孙永乐的《榆中麹氏与高昌国——从一块新出土的墓志说起》(《社科纵横》1994年第6期)、孙杰的《榆中出土唐慕容仪石棺墓主去世时间小识》(《陇右文博》2014年第2期)等也都是相关研究论文。需要特别一提的是,武汉大学宫哲兵教授不仅亲身考察,还在其《兴隆山书院》一文中再次论及了朱家湾石棺。

已有报道和研究如此繁杂,再写朱家湾石棺难度之大可想而知。

---

① 黄建强:《榆中一座古墓,揭开大唐攻灭高昌国的一段往事》,中国甘肃网,2020年7月31日,http://www.gscn.com.cn/lsym/system。

② 梁卫忠:《丝绸之路榆中印记》,每日甘肃网,https://baijiahao.baidu.com/s?id=1591167111706413896。

③ 梁卫忠:《丝绸之路榆中印记》,每日甘肃网,https://baijiahao.baidu.com/s?id=1591167111706413896。

④ 李维贵:《交河郡夫人慕容氏墓志序碑文——兼与孙永乐先生商榷》,《中国边疆史地研究》1995年第1期。

但是黄淑君和刘继衡同学仔细研读，细致考察，选取了历史回顾和文物保护的视角，连同朱家湾的宋金时期雕砖古墓一并进行了呈现。相比于其他，他们的文稿自有一股清新之气，学子之忧扑面而来。

当然，学生们也有更加深入的采访计划，想去了解朱家湾的扶贫攻坚现状，但是囿于现实因素，这计划最终没有实现。也许，这样的挫折，对学生们是一个不小的打击，但这就是现实。直面现实，是学生们必须要上的一课。不过，之后的我们努力也有了一些成果，2021年学生们就朱家湾村的乡村振兴[①]和村民家风承继[②]作了较为深入的采访，对朱家湾有了更多的了解。

用传播学的视角观之，朱家湾的历史以自足的发展为主线，同时也内构着媒介建构的链条。唐代石棺和宋金古墓以原始的砖石为介质、石棺和古墓为符号，承载和记录了关乎唐宋历史的民间传奇；文艺演出史以身体为符号，建构了身体艺术所代言的社群书写和家国历史。更值得思考的是，当主流媒体以电视、报纸和网站的形态进入朱家湾，用拍摄纪录片、刊发稿件、信息转发的方式，加入朱家湾历史和现实的建构与传播时，朱家湾就成了媒介建构和社群传播之物。美国传播理论家约翰·杜海姆·彼得斯（John Durham Peters）认为，"媒介即存有，即为人类之状况"[③]。当朱家湾的村民和朱家湾周边的民众，甚至更多的素不相识的网民，用微信、QQ等网络平台大力传播朱家湾的文艺演出史和古墓历史时，朱家湾凸显了主流话语和民间话语、传统媒体和新兴媒体、组织传播和个体传播的交织。因之，朱家湾由一

---

① 赵琪、朱秋蓉、郑浩男、智义娜：《大厨进村"收徒"美食香飘陇原乡村振兴路》，凤凰网甘肃频道，2022年8月13日，https://ishare.ifeng.com/c/s/v002LdLSK0-_qmKMRsFfBWT-OfiCpIBzM－－ntPfNl8rgYEG－－ZM__。

② 刘瑶、苏凯洋、高思佳：《不明怪病侵袭朱家湾 5号三个女人为爱接力前行》，凤凰网甘肃频道，2022年8月2日，https://ishare.ifeng.com/c/s/v002Z0radqmQ－_KAcM6d9uENX8Dd6yYFFKopUADuporiIIGk__。

③ 黄旦：《云卷云舒：乘槎浮海居天下》，[美]约翰·杜海姆·彼得斯：《奇云：媒介即存有》，邓建国译，复旦大学出版社2021年版，第9页。

个普通的西北乡村，慢慢被赋予了更多的意涵，关联了历史和现实、社群和社会、建构和传播等诸多问题，并最终指向历史存在的某种特殊状态。

总而言之，甘南组同学们对朱家湾的记录，无论是 60 年文艺之风，还是唐代石棺、宋金时期的雕砖古墓，以及扶贫现状采访的流产，都呈现了朱家湾这样一个中国当下最为普通的西北乡村的真实景观。它如此质感，如此真实。它促使学生们将田野调查和哲学思辨、社会实践和学术沉潜加以有效沟通。

作为特殊个案，朱家湾提供了中国当下西部乡村的真实资料。它像一滴水，又像一面镜子，折射着中国乡村改革生动可感的现实。它也为我们的甘南行走，设置了一个可以参照的文本。

熊培云在《一个村庄里的中国》里记录了"姑且叫小堡村"的故乡，他谈及了德国作家齐格飞·蓝茨笔下的故乡《我的小村如此多情》，那是名叫苏来肯的一个村庄——虚构的故乡。两个村庄虽然不太一样，内在的感情却很相似。"我的村庄就是世界"，意即将深爱藏之于心，包括物质的存在和精神的寄托，这就成了故乡书写的所有动力。熊培云的话深刻而动情，"有故乡的人知道如何热爱并捍卫自己的土地，有故乡的人知道在他人故乡中看到自己的故乡的命运，有故乡的人必须心存敬畏"。

我想，朱家湾对我也是这样，它是家园，是记忆，是现实，也是需要我动情凝视的对象。那里，有西北，有中国。

亦如武汉大学宫哲兵教授所言，"兴隆山是个奇迹，是个明珠"，"朱家湾是奇迹中的奇迹，明珠中的明珠"[①]。但愿甘南组对朱家湾的续走和采写，以一个村庄的典型考察，见微知著，折射出我们重走西北和田野考察的学术价值和社会意义。

实质而言，这是一个中国西部乡村的故事，也是我们甘南续走的

---

① 宫哲兵：《兴隆山书院》，文狐网，https://www.wenfox.com/m/fiction-content-842.html。

意义所在。汉藏映辉，这是中国西部的真实侧影，值得我们去仔细推敲，一如范长江当年由汉入藏，再而由藏入汉，考察中国一样。

一　60年的文艺演出史：人、社群和历史

和甘南的牧区和定居点不一样，朱家湾是一个普通的西北汉族村庄。如果说甘南是藏族聚居区的典型代表，那么朱家湾则是汉族社群的微观一员。甘南的当下和历史映照着藏民族的特定历史发展，而朱家湾则是西北汉民族社群发展的历史折射。从某种意义上说，朱家湾虽小，也极其普通，但越普通，越微小，就越具有普遍性和基础性，也越具有田野考察的价值。

朱家湾的历史首先表现为60年的文艺演出史。60年涵盖了当代中国的历史发展，每一个村庄都是一个最基本的元素。它以显在的社群身份代言着中国的变革历程，而文艺演出则以文化的特定形式浓缩和聚焦了变革的显著特征。

朱家湾的文艺演出史嵌入了历史的最深处，它规避了坚硬的政治、泛化的经济和琐屑的生活，选取了一个最易被人忽视，同时又最具有内在活力的维度——文化。文艺演出史表征的是文化的衍化，文化的衍化又以最深刻的力量阐释了历史变革的深度和广度。它最具隐蔽性，但又最具活力、最具张力和最具表达性。为此，人不再是简单的个体，人是社群的人、国家的人、历史的人。人被网织在社群的架构中，纠缠在民族和国家的大网中，被历史地建构。他们或成为政治运动中沉浮的扁舟，或化身为经济改革大潮中的希望之翼，或自足于家国同构的普通一员。此中，以文化为质地的文艺演出注入了显在的意义，超然和痛感杂糅其中，历史是注脚。

一个村庄，60年的文艺演出史，勾画了似乎被淹没、习焉不察的乡村中国，演绎了中国西部微观的和有温度、有灵性的田野书写。它

需要记忆和重构,并以此认识中国。

在具体书写中,外在视角的《一个乡村60年的"文艺之风"》和内在视角的《最是戏中日月长——建国60年朱家湾文艺演出掠影》,是两种互为交错、互相映射的特殊考察。

一个乡村60年的"文艺之风"

刘继衡　岳蓉媛　武永明

从20世纪六七十年代至今,榆中县朱家湾人以颇具规模的文艺演出闻名于榆中县城上半川,并逐渐成为榆中上半川的文化中心。不管20世纪六七十年代的新戏,还是八九十年代的传统戏、秧歌以及现在的广场舞,都盛极一时,在榆中县百姓心中留下了深刻的印象。

航拍朱家湾(刘继衡　摄)

1. 白天下地干活,晚上排戏

2017年8月18日傍晚,一抹殷红的夕阳映在薄寒山上,乳白的炊烟和湛蓝的天空交织在一起。位于榆中县兴隆山脚下的朱家湾村,在夕阳的余晖下宛若仙境。

晚上7时,兰州大学新闻与传播学院副教授李晓灵在朱家湾的老家里忙前忙后,招呼着小院里聚集的二三十名乡邻,他们热情洋溢,充满期待。

顷刻间，锣鼓声急，管乐齐鸣。朱家湾最早参与文艺演出的李彦福老人，今年已经70多岁了，他双手抱胸，昂首发力，一嗓子秦腔犹如晴空之雷，撼人心神。接着，其他人也相继亮相，各展才艺，老人们吼秦腔，小一辈唱流行歌曲，孙辈们跳民族舞蹈。整个小院歌声嘹亮，热闹非凡，让这个原本宁静的村庄洋溢着近乎过节的气氛。

文艺演奏现场（刘继衡　摄）

这是兰州大学新闻与传播学院今年开展的暑期社会实践活动——重走西北角甘南组学生在朱家湾看到的情景，他们通过实地考察，进一步了解了当地延续多年的乡村文化。"今天邀请来的人，主要是村里剧团的成员。长期以来，我一直想记录我们村庄的历史，我想以这样的方式，让这帮老艺人重新聚聚，以此延续朱家湾文艺演出的历史。"组织这次活动的李晓灵老师说。

在朱家湾，像这样的文艺联欢，每到节假日都会经常上演，已经成了朱家湾的文化亮点。据悉，从20世纪六七十年代至今，朱家湾人以颇具规模的文艺演出闻名于榆中，并逐渐成为当地的文化中心。不管20世纪六七十年代的新戏，还是八九十年代的传统戏、秧歌，甚至是现在的广场舞，都盛极一时，在榆中县百姓心中留下了深刻的印象。

朱家湾村山环水绕，人杰地灵。据李晓灵老师写的《最是戏中日

演唱（演唱者为郭丰隆，刘继衡 摄）

月长——建国60年朱家湾文艺演出掠影》记载，朱家湾人从20世纪60年代的新戏开始，组建了自己的艺术剧团，为之后文艺事业的发展奠定了坚实的基础。

20世纪60年代，朱家湾人以村民李彦福、张学智、郭丰隆为核心组建了自己的宣传队。朱家湾宣传队刚开始多以地摊的形式演出，后来改为在庙院大殿前搭台表演。再后来有了用木板搭戏台的演出。农闲时节，他们到附近的梁家湾、郭家庄、分豁岔和陶家窑等村交流演出。此后，朱家湾宣传队逐渐壮大。

朱家湾宣传队发展的黄金时期，成员多达40人，剧种丰富多彩。

1977年朱家湾宣传队合影

宣传队主要演出剧目是秦腔，另外还有眉户剧、歌舞剧、话剧、豫剧、陇剧等。

剧目上，有很多是根据当时的《农民报》和各种农村刊物上的相关材料自编自演的现代短剧。有着40多年教龄的杨积泉老先生回忆说，1964年朱家湾宣传队是榆中县城上半川当时规模最大、演出时间最长的宣传队，在各种活动中发挥了很大作用。

"剧团排练那么辛苦，给你们工资吗？"在与老先生的聊天中，兰州大学传播学研究生黄淑君显得非常好奇。

"我们团队将近40个人，主要由本村的百姓组成，白天在地里干活，晚上回来编排戏剧，没有工资，也不计工分，但是乡亲们热情高涨。"朱家湾宣传队丰富多彩的演出，诠释了中国西部地区独特的文化风貌。

2. 乡村大地，传统戏发新芽

改革开放以后，在新思潮的冲击下，朱家湾宣传队也逐渐退出了历史的舞台，取而代之的是1985年的社火队。在社火表演中，传统戏

演出剧目《二堂舍子》剧照

则重新登上舞台。

当时，传统戏曲是社火的后台，也是社火的亮点。

"那时候困难非常大，团队缺乏文武场面方面的人才，加上好长时间没有演过传统戏，所以没有经验，缺乏传统戏曲的演出基础。剧团最后邀请榆中县剧团的雷震为艺术指导，排了四个折子戏。但是当时女性成员较少，演员几乎是清一色的男生，因此，我们的折子戏也被人称为是'光棍戏'。"当时的剧团团长李彦福笑着说。

20世纪90年代以后，朱家湾结束了社火的演出，在此基础上成立了专业的秦腔剧团，并取得了前所未有的发展。这一时期，剧团以大型秦腔为主要演出曲目，演出人员也较之前有所变化，在老一辈演员的基础上，吸收杨玉红等青年演员饰演主要角色。据李彦福介绍，这是朱家湾剧团的黄金时期，也是朱家湾剧团的高峰期。朱家湾剧团在这一时期，不断探索，积极学习，认真做戏，凭借精湛的艺术积淀与文艺热情，排练了数十个群众喜闻乐见的折子戏和六本大型本戏，塑造了一大批老百姓津津乐道的艺术典型。最鼎盛的时候，剧团演员和文武场面人员有40余人，队伍庞大，实属空前。

不仅队伍空前庞大，演出的节目类型更是多种多样。剧团邀请榆中县文化馆秦腔培训班的老师魏永功和榆中县文工团（秦剧团）演员丁永义，着手排练了一些影响较大的秦腔大型本戏，例如《铡美案》《火焰驹》《斩秦英》《打金枝》《绣龙袍》《辕门斩子》等。另外还演出了《哭墓》《夜逃》《杀狗劝妻》等众多的折子戏。

鼎盛期的朱家湾业余秦剧团部分人员的合影照

朱家湾的秦腔演出，成了百姓们茶余饭后的焦点，也使得朱家湾成了方圆几里的文化圣地和精神高地。在漫长的岁月里，秦腔更是催生了美好的爱情故事。据悉，剧团骨干郭庆明和杨玉红就是在演戏过程中相恋并喜结良缘的。

朱家湾秦剧团的文艺演出，就像一眼沁人心脾的甘泉，滋润着人们渴求的心灵，逐渐铸造了一个榆中县城附近耀眼的艺术中心和精神高地。

3. 新时代，新样式

进入21世纪以后，由于新媒体的发展和现代文化的冲击，年青一代对秦腔产生了一些疏远感，朱家湾秦剧团由于种种原因也停止了演出。2008年，在李彦福、郭丰隆、张继红等的倡导下，由丁兆莲、张彩红、杨曙花等50人组建新的秧歌队。她们在冬天农闲季节，每天晚上冒着严寒进行排练，下雪天也不曾中断。

"近些年国家对文艺汇演的支持力度很大，借此机会，我们在

2009年，参加了榆中县政府组织的春节秧歌比赛，并荣获三等奖，是城关镇唯一一个获得奖项的秧歌队，为村里和镇上争得了荣誉。我们不但和县上其他团队进行交流，而且在三角城、富家大营、连搭等村进行演出。这一切，多亏了政府的支持。"被称作"秧歌明星"的丁兆莲兴奋地说。

朱家湾秧歌队合影

由于年轻人外出打工，加之老一辈人渐渐老去，秧歌队成员的数量逐年下降，秧歌队也不得不停止。但朱家湾人并没有就此停歇，文艺活动有增无减。最近几年，本该属于城市的"广场舞"登上了朱家湾的舞台。在新观念的推动下，朱家湾的妇女正在以新的方式展现着自己对于艺术和生活的热爱。

时代的变化，促使人们思想观念和生活方式在慢慢地发生着改变。如今的朱家湾，人们大多以打工为生。长期的城市生活，将城市的思想观念与生活方式引入了这里，人们的思想观念更加开放，生活方式也越来越前卫。广场舞的盛行，就是一个鲜明的例子。

60多年文艺演出的历史绵延不绝，朱家湾人追逐艺术的脚步从来没有停止过。60多年的文艺历程，充分体现了朱家湾人对艺术的热爱和对美好生活的执着追求,同时也是当代中国农村乡土文化和精神风貌的生动写照。60多年的文艺历程,展现了西部人独特的生活气息。

"一方神秘的土地,孕育了这样灵动而美丽的家园!"李晓灵在《最是戏中日月长——建国60年朱家湾文艺演出掠影》中这样写到。

(《兰州晨报》2017年11月2日特稿版)

作者:刘继衡(兰州大学新闻与传播学院2016级广告专业本科生)

岳蓉媛(兰州大学外国语学院2016级俄语专业本科)

武永明(《兰州晨报》记者)

最是戏中日月长
——建国60年朱家湾文艺演出掠影

李晓灵

像榆中的许多村庄一样,朱家湾虽然名为朱家湾,但却没有一家朱姓人家。

乍一看,这是一个再普通不过的村庄,普通得简直就像散落在黄土高原上的一粒沙尘。然而,朱家湾却又确实是那么地不俗。她秀丽温润,小巧玲珑,斜倚在兴隆山一侧,背靠葱葱郁郁的山峦,脚踏榆中一马平川,宛如一个小家碧玉,一颦一笑之间,闪现着这方水土的悲欢哀乐。

在这里,曾经有过榆中历史上唯一的一位麹氏国王;在这里,出土了唐代交河郡王王妃的豪华石棺和精美绝伦的宋金砖雕墓。传言有考古专家实地考察以后断言,历史中的朱家湾是一个风水宝地,靠山,踏川,临水,纳阴吐阳,灵气氤氲。

没有理由不相信朱家湾是一个充满灵性的地方,朱家湾虽不是方圆左右最富的村庄,但的的确确是最痴迷于艺术的一个村庄,俨然榆中县城上半川的艺术中心。朱家湾人知道,人最可怕的不是贫穷,而

朱家湾村远景

是心灵的贫瘠,人不是单单靠物质活着,而是因为精神的充盈而灵光。

中华人民共和国成立60年以来,朱家湾总有那么一群醉心于文艺演出的人,用他们的热情和赤诚在一方小小的舞台上歌喉婉转,身形飘转,用粉墨勾勒的悲欢离合演绎着人生的苦乐哀愁,展示着对生活的热爱和对未来的向往。同时,也与祖国心意相连,抒发着繁荣昌盛、安居乐业的真诚祝愿。

60年间,朱家湾的文艺演出从六七十年代的新戏到八九十年代的传统戏,再到21世纪的秧歌,无不紧贴时代的脉搏,以朴实敦厚的风格,演绎着新中国乡土社会悄然变革的心路历程,也见证着共和国60年风雨兼程的点点滴滴。

一 六七十年代的新戏

对朱家湾人来说,六七十年代是一片苦难而又酸涩的记忆,而朱家湾的文艺演出则是这段记忆上一个芬芳的花冠。

六七十年代,是中华人民共和国成立后的特殊时期,人们生活贫苦,吃不饱,穿不暖,还得参加各种各样走马灯似的政治运动,社教、"破四旧"、反右、"大炼钢铁"、"文革"等,一个接着一个。小小的朱家湾成了新中国苦难的缩影，各种悲剧开始上演，有人被揪斗，有人被饿死（据查，1960年前后，朱家湾有杨万玉、"老木匠"杨玉全及其两个老婆以及王宗敏的妹妹等五人被饿死）。更有甚者，村民杨万兴被挤进洮河工地做饭的大铁锅里活活烫死，而人们最后竟然又将那锅饭全部吃完！

但是困难并没有压垮坚强的朱家湾人，他们直起被饥饿、贫困和政治运动几乎压弯了的腰，成立了宣传队，用乐观、豪迈的精神，歌唱着对新生活的向往和对新中国的无比热爱。

据说，朱家湾的宣传队是榆中县城上半川当时规模最大、影响最深、演出时间最长的宣传队，至今三四十岁以上的人们说起来都还记忆犹新，啧啧不已。

朱家湾宣传队1964年组建，是为配合社教运动而产生的，后来在各种各样的活动中发挥了很大作用，当然也包括"文革"。直到1978年"文革"结束，朱家湾宣传队才停止演出，总共持续演出将近15年时间。

演出地点和形式上，朱家湾宣传队刚开始多以地摊的形式演出，后来改为在庙院大殿前搭的台子上。"破四旧"以后筑了一个三面墙的土台子，再后来才有了用木板搭的台子，演出条件简陋，全是露天演出。

人员构成上，宣传队最多时，将近40人，可谓阵容庞大。宣传队主要由李彦福、张学智、郭丰隆负责，主要男演员有李彦福、张学智、郭丰隆、杨忠祥、张自义、王生禄、杨俊峰、杨忠福、贾春旭等；女演员主要有王效菊、郑明花、李秀芳、张兰英、王应兰、王秀兰等；乐队主要人员有杨生明、王生福、郭春明、杨忠伟、杨忠豪、张积库、张积珍、张自成、杨忠胜等，主要乐器有板胡、二胡、扬琴、三弦子、笛子等。在当时来说，这也已经算是阵容强大的乐队了。

剧种方面，宣传队可谓五花八门，丰富多彩。其中主要是秦腔，如《掩护》《沙家浜》《智取威虎山》《烈火金刚》《红灯记》等；眉

1971 年朱家湾宣传队合影

1977 年朱家湾宣传队合影

户剧，如《三分工》《问路》等；歌舞剧，如《白毛女》；话剧，如《青松岭》；豫剧，如《夏收的时候》；陇剧，如《送西瓜》《渡口》等。当时附近的村庄如麻家沟、李家庄、南坡湾等，虽然也有宣传队，有一些节目上演，但多是些舞蹈节目，没有朱家湾这么多的剧种。

剧目上，朱家湾文工团更是种类繁多，剧目纷呈。

其中，有很多是根据《农民报》和当时配合社教运动出版的各种农村刊物上的相关材料自编自演的现代短剧。这些短剧有相当一部分是配合当时政治运动的作品，它们展现党的革命历程，抨击中外反动势力，讴歌中国共产党和新中国。它们大多短小精悍，内容针对性强，人物形象鲜明，爱憎分明，深得刚从旧社会走出来的人们的喜爱。

如《东海小哨兵》，它讲的是蒋介石企图反攻大陆，派特务（李彦福和张自义饰）潜入沿海一带，机智勇敢的少先队员（张兰英和郭春明饰）在队长（王生禄饰）的带领下，勇抓特务的故事。

《掩护》构画的是抗战时期，八路军伤员（杨忠福饰）和爷爷（杨孝泉饰）、孙子（张兰英饰）巧妙配合，杀死追捕的日本小队长（李彦福饰）后逃走，追寻革命的故事。

《南方怒涛》一部非常特殊的戏，是一个越南戏。它演的是美国侵略越南时，美丽勇敢的越南姑娘（李芬春饰）与越南游击队队长（杨忠禄饰）军民合作，和"美国大鼻子"（李彦福饰）等侵略者作斗争的故事。

在这些短剧中，张兰英、王生禄等饰演的正面角色和李彦福、张自义等饰演的反面角色斗智斗勇，扣人心弦，再现了党的革命历史，给人们留下了深刻的印象。

还有一部分是鞭挞旧社会、歌颂新社会、新旧对比的短剧。

如《买女》，这是本戏《三世仇》中的一折，演的是地主"活剥皮"（未出场）和地主婆"三水狼"（苟月梅饰）凶狠残忍，伙同他们的狗腿子（李彦福饰），强迫欠他们钱的穷苦百姓虎二娘（杨积泉饰）将女儿小兰（李秀芳饰）卖给他们的悲惨故事。

《买卖婚姻》讲述的是穷苦人民的女儿（张兰英饰）被迫卖给地主（李彦福饰）后，绝望之际，撞墙自杀，幸而未死，后被民兵和村长（郭丰盛饰）解救的故事。

这类短剧通过旧社会老百姓卖儿鬻女、痛不欲生的悲惨生活的再现，将新社会的光明进步和旧社会的黑暗腐朽进行了鲜明的对照，表

《青松岭》部分演员（1977）

达了人民对旧社会的痛恨、对新社会的热爱和讴歌。演员们投入动情，演得活灵活现，入骨三分。

第三类短剧是非常重要的一类。这些短剧通过日常生活琐事和生产劳动的一些点滴细节，宣传新观念，批评旧观念，批评落后分子，并热情鼓励人们积极生产，建设家园。细节的凸显、生活化的表演和幽默诙谐的风格，使得这些短剧到处散发着泥土的芬芳。在某种程度上讲，这些极富生活气息的短剧配合当时气势磅礴的社教运动，起到了不可忽视的作用。

其中比较有名的是：

《箩筐》，描述了两个少先队员爱惜粮食，找箩筐捡粮食的小故事。

《老保管》讲的是一个农村的年轻人（李彦福饰）下地犁地，粗心大意把犁铧打坏,却又执意不认错,后经过老保管(王生禄饰)批评教育,认识到自己的错误,最终改正,积极生产的事。

《夏收的时候》描述的是夏收来临时,落后分子偷粮食,最后被民兵捉住的情节。

《三分工》则写的是一个老婆婆下地锄田,出工不出力,偷懒,不好好劳动的生活场景。

《糊汤》通过两个老年人和两个年轻人的生活场景表现了勤俭节约的主题。

此外,还有表现新生活、新气象的一些小短剧,如表现拥军爱民的《送西瓜》,渡口迎接学医归来的女知识青年的《渡口》,等等。

在朱家湾宣传队演出的剧目中,影响最大的就要数红色革命经典剧目了。这些里面有由张学智编导的两本红色经典剧,一个是表现湖南农民运动的《枫树湾》,另一个是描写农村阶级斗争的《青松岭》。这两本戏规模大,演出时间长,情节动人,至今为人称道。

此外,就是当时最为著名的革命红色经典样板戏了,名气较大的有:

《沙家浜》(智斗),郭丰隆演刁德一,杨忠福演胡传魁,郑明花、李秀芳演阿庆嫂;《红灯记》(一、二、三、四场),郭丰隆、杨忠福演李玉和,李秀芳、王秀兰演铁梅,王应兰演李奶奶,李彦福演鸠山,王治东演叛徒王连举;《智取威虎山》,李彦福演《打虎上山》中的杨子荣,郭丰隆演其余部分的杨子荣,李彦福同时饰演坐山雕。还有《烈火金刚》之《史更新突围》和《肖飞单打一进城》,李彦福饰肖飞和史更新,张学智饰前者中的日本队长,王宗敏饰后者中的日本小队长,张自义饰后者中的汉奸。

朱家湾宣传队演的样板戏最有影响力的剧目就要数《白毛女》了。其中,喜儿由张兰英、李秀芳扮演,杨白劳由杨忠祥扮演,穆仁智由张自义扮演,黄世仁由郭丰隆和李彦福扮演,大春由郭春明、王治东和杨忠福扮演。这本戏曾是朱家湾宣传队的压轴戏和拿手戏,多次去别的村庄交流演出,甚至到当时的兴隆山驻军处慰问演出过。其间,《白毛女》都是演出的重头戏,深受欢迎。

《青松岭》剧照（地摊演出,贾春旭和王秀兰饰）

朱家湾宣传队在 10 余年的演出中,成长了一批青年艺术骨干。李彦福热心于戏剧编排,经常找资料,熬夜编写剧本,《烈火金刚》和许多短剧就是他编写的。此外,他善长布景的绘制,上图中当年数米长宽的《青松岭》布景就是他亲手绘制的。他还主演了多部剧作,塑造了肖飞、史更新和杨子荣等英雄形象,也较为传神地演绎了鸠山、黄世仁和"美国大鼻子"等反面典型人物。张学智也是一个不可多得的人才,他热情投入,有极强的组织能力,革命经典《青松岭》和《枫树湾》就是由他组织编演的。他也塑造了不少生动形象的人物典型,是宣传队的核心人物之一,后来在生产劳动中遭遇意外,英年早逝,殊为可叹。郭丰隆是宣传队的另外一个骨干,他细致诚实,任劳

《红灯记》剧照（王宗香和王应兰饰）

任怨，为宣传队做了不少工作，同时也演了不少重要角色。杨生明是宣传队乐队的祖师，他培养了王生福、杨忠伟等一批音乐人才，功不可没。另外王生福和郭春明在编剧和音乐设计方面，做了不少可贵的探索，《白毛女》就是他们一手编写剧本，并进行音乐创新的。

宣传队当时进行排练时，大多在夜里，人们白天劳动，晚上排练，没有任何报酬，但依然热情不减。

朱家湾宣传队前后演出10余年，不但在本庄演出，而且到附近的梁家湾、郭家庄、分豁岔、陶家窑、南坡湾、宋家庄、李家庄和北关等村交流演出，足迹踏遍了榆中的上半川，受到了老百姓的热烈欢迎和由衷赞叹。同时，他们还到附近的兴隆山驻军、万家庄驻军的驻地进行慰问演出，军队热情招待，军民亲如一家。据说，兴隆山驻军曾

演员姊妹花（王萍和王秀兰）

用四菜一汤、恒大烟、前门烟、水果糖、大板瓜子和大米饭来招待宣传队，在全国经济困难的时期，这种招待规格之高，实难想象。

显然，朱家湾宣传队是时代的产物，具有强烈的政治宣教功能。10余年的演出之旅中，朱家湾宣传队用丰富多彩、生动引人的演出，诠释了中华人民共和国成立之后，老百姓当家做主的喜悦与豪迈。高涨的政治热情，浓烈的生活气息，乐观开朗、挑战困难的精神，都是那个时代特殊的文化风貌，也是朱家湾难得的精神财富。

很难想象，在那个物质贫乏、精神紧张的年代，宣传队的锣鼓欢唱，在人们的心里留下了多么深刻的印象！它就像一把圣火，驱走了黑暗，照亮了整个村庄，也照亮了人们的心。

朱家湾由此开始成为榆中上半川的文化重心。

二 八九十年代的传统戏

80年代以后,随着改革开放的深入推进,朱家湾的人们逐步从包产到户中尝到了甜头,摆脱贫穷,逐步过上了好日子。挣脱"文革"樊篱,向往自由幸福生活的朱家湾又在思考用什么方式来表达对未来的期待。钟爱艺术的朱家湾再一次选择了文艺演出,只不过这一次他们选择的不再是政治意味浓厚的现代戏,而是在"文革"中被禁止的传统戏。这是朱家湾在走出"文革"高度政治化的文化禁锢以后,对传统文化的一次回归和拥抱。对文化愚民的拒斥,对古代历史的迷恋,对传统伦理道德的张扬,对自由美好生活的期望是这次传统戏曲演出活动的要义所在。

1985年朱家湾带头组织社火队,欢度春节。社火队要有后台,以李彦福、郭丰隆为骨干的原宣传队成员又找到了用武之地。他们再次组织了属于自己的剧团,作为社火队的主要部分之一进行演出。

1985年的朱家湾剧团缺乏文武场面方面的人才,人员较少,再加上好长时间没有演过传统戏,没有经验,缺乏传统戏曲的演出基础,所以困难很大。剧团最后邀请县剧团的雷震为艺术指导,只排了四个折子戏。由于缺乏女演员,这四个折子戏都是没有女角色的所谓的"光棍戏"。这四个折子戏分别是《逃国》(郭丰隆主演伍子胥,李彦福饰武成黑,杨忠祥饰卞庄)、《拜台》(李彦福饰司马懿,叶连胜饰诸葛亮)、《牧羊》(杨忠祥主演苏武,杨孝泉饰李陵)、《打镇台》(叶连胜主演王震,李彦福饰李庆若)。戏虽少,却很是精彩,让与传统戏曲久违了的人们再次领略了传统戏的魅力。

这时候,剧团主要由李彦福和郭丰隆负责,主要演员有李彦福、郭丰隆、叶连胜、杨忠祥和杨孝泉等,司鼓李彦明,板胡刘永第,扬琴杨忠伟,二胡王生福和张自成等,三弦子杨生明,剧团初具规模,这是朱家湾剧团的创始阶段。利用原来宣传队的老队员排练传统秦腔剧目,配合社火演出,是这一时期的主要特点。

随后,朱家湾剧团邀请了管家岘村的曹志华老师做艺术指导,同时又吸纳了一些很有实力的新演员，如王泽兰、杨忠福、单九菊、丁兆莲、王梅香、杨玉红、李晓兰、张继强、郭庆明、郭亮、李晓灵、王春萍、王宗玲等，加排了一些优秀剧目，但还都只是一些折子戏。比较著名的有《传信》（李彦福主演艾谦，杨孝泉饰李彦荣），《二堂舍子》（郭丰隆主演刘彦昌，王泽兰主演王桂英），《告状》（杨忠福主演包拯，单九菊主演秦香莲），《放饭》（叶连胜主演朱春登，王泽兰主演赵景堂，李彦湖饰朱母），《杨三小》（杨俊峰主演杨三小，张自义饰岳文义），《虎口缘》（杨玉红主演周天佑，王梅香主演贾莲香），《别窑》（郭亮主演薛平贵，杨玉红主演王宝钏），《柜中缘》（张继强主演淘气，丁兆莲饰许母，王梅香饰许翠莲，郭庆明饰岳公子），《烙碗记》（郭庆明饰定生，李彦湖饰马氏，张自义饰宝柱，杨忠祥饰刘志明），《拾玉镯》（郭丰隆饰刘妈妈，李晓兰饰傅朋，郭雪梅饰孙玉娇），《三回头》（王梅香饰吕荣儿，李晓兰饰许升，杨忠祥饰吕鸿儒，王亚莉饰宝童），《小姑贤》（郭丰隆饰姚氏，郭雪梅饰李桂花，李晓兰饰继孟，王春萍饰英英），《二进宫》（杨玉红饰李娘娘，李彦福饰徐彦昭，郭丰隆饰杨波，王宗玲饰徐小姐），《三对面》（李彦福饰包拯，王泽兰饰秦香莲，王梅香饰公主），《杀庙》（杨孝泉饰韩琦，单九菊饰秦香莲），《苏三起解》（杨孝泉、李彦福饰崇公道，丁兆莲饰苏三），《斩秦英》（杨玉红主演银萍公主，杨忠祥饰唐王，郭丰隆、郭雪梅饰皇后，王梅香、单九菊饰詹贵妃，李晓灵饰秦英），等等。

此外，杨万隆、杨生明等人还加排了眉胡剧《小放牛》和《买水》，主要由郭亮、王宗玲、王春萍三人饰演。

这一阶段是朱家湾剧团的发展期，显著的特点是演员队伍开始有了快速发展，女演员增加很多，同时一些年轻人进入剧团，开始担任角色，进行演出，并逐步向骨干发展。其中，以李彦福、郭丰隆、杨忠祥、王泽兰和单九菊等为代表的老一代演员，和杨玉红、王梅香、郭雪梅、李晓兰、王春萍、王宗玲、王亚莉、郭庆明、郭幼明、张继强、郭亮和李晓灵等一大批年轻演员，以及像王亚星、王明明等一些更小的演员各显其能，显示了老、中、青、幼相结合的特点。一时间，朱家湾整个村庄排戏演戏蔚然成风。

80年代的朱家湾业余秦腔剧团部分人员合影

90年代以后，朱家湾结束了社火的演出，剧团由此脱离了社火后台的角色，开始成为独立的业余秦腔剧团，取得了前所未有的快速发展。

在这一时期，剧团邀请魏永功和丁永义着手排练了一些影响较大的秦腔大型本戏。它们是《铡美案》（李彦福、杨忠福饰包拯，郭丰隆饰陈世美，单九菊、王泽兰饰秦香莲，张巧梅饰皇姑，郭雪梅、王应兰饰皇后，张子玉饰韩琦）、《火焰驹》（杨玉红饰李彦贵，郭丰隆饰黄璋，王泽兰饰黄桂英，张子玉饰李彦荣，李彦福饰艾谦）、《斩秦英》（杨玉红饰银萍公主，杨忠祥饰唐王，李晓灵饰秦英，张子玉饰秦怀玉，李彦福饰莫里沙，王亚莉饰莫里公主）、《打金枝》（李彦福饰郭子仪，杨忠祥饰唐王，王宗伟、张继刚饰郭暧，高小兰、张巧梅饰公主）、《绣龙袍》（张应海饰包拯，郭丰隆饰八王，王亚莉、杨玉红饰司马都，张子玉饰司马昭，张巧梅饰刘氏）、《辕门斩子》（张子玉、郭丰隆饰杨彦景，杨忠祥饰八王，王应兰饰佘太君，杨玉红饰杨宗保，王泽兰饰穆桂英）等。另外还演了《哭墓》（王泽兰饰周仁，郭庆明饰杜文学)、《夜逃》(李宝红饰周仁,张巧梅饰胡秀英)和《杀狗劝妻》(李晓灵饰曹庄,王亚娟饰焦氏,郭丰隆饰曹母)等折子戏。

演员方面,老演员依然担当主力,杨玉红、张子玉、张巧梅、张应海、张继刚等青年演员开始成为骨干,饰演一些主要角色。此外,以王亚娟为代表的一些更加年轻的演员也加入了进来,成为剧团的新鲜血液。

《打金枝》剧照 (张继刚饰郭暧)

朱家湾剧团在这一时期,不断探索,积极学习,认真做戏,塑造了一大批老百姓津津乐道的艺术典型,如刚正无私的包拯,忠勇刚毅的艾谦,刚烈有志的秦香莲,不徇私情的杨彦景,赤胆忠心的苏武,有情有义的刘彦昌,绑子上殿的郭子仪和银萍公主,嫌媳爱女的婆婆,等等,令人赞叹不已。其中,李彦福和张应海的花脸,郭丰隆和张子玉的须生,杨忠祥的老生,王泽兰、单九菊、杨玉红和张巧梅等的正旦,张继刚和王宗伟的小生,李晓灵的毛净,王亚娟的丑旦都给人们留下了深刻的印象。特别值得一提的是,还有一些演员多才多艺,较

《传信》剧照（李彦福饰艾谦）

为成功地塑造了不同行当的艺术典型，是不折不扣的多面手。李彦福除了主攻花脸之外，还饰演了老丑（《苏三起解》中的崇公道）、丑生（《八件衣》中的马洪）、丑旦（《小姑贤》中的姚氏）等丑角形象；郭丰隆除了主攻须生以外，还饰演了老旦（《斩秦英》和《铡美案》中的皇太后）、丑旦（《拾玉镯》中的刘媒婆）、小丑（《拾黄金》中的胡来）、净（《绣龙袍》中的赵八王）等典型形象，可谓生旦净丑，样样精通。

这是朱家湾剧团的黄金时期，也是朱家湾剧团的高峰期。其间，剧团有演员和文武场面人员四十余人，队伍庞大，而且排练并上演了数十个群众喜闻乐见的折子戏和六本大型本戏。剧团分别在梁家湾、

《杀狗劝妻》剧照（王亚娟饰焦氏，李晓灵饰曹庄）

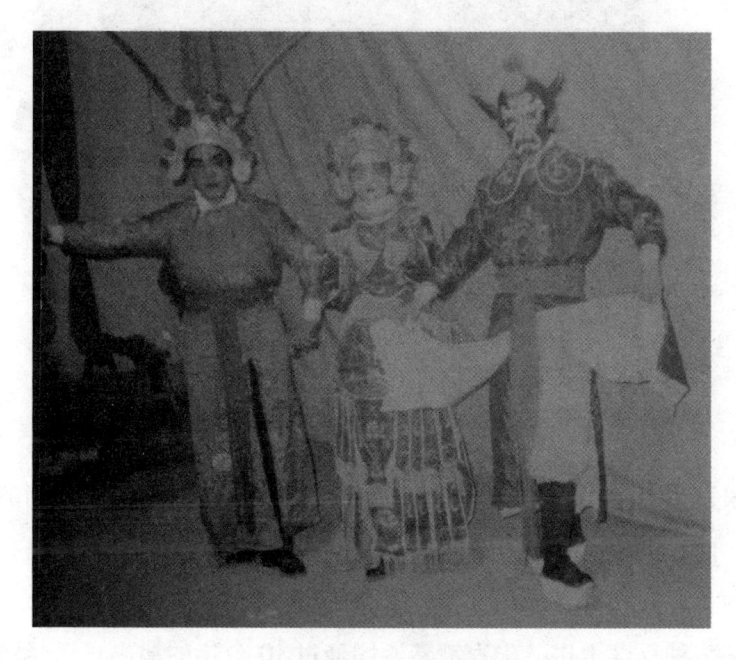

《斩秦英》剧照
（李晓灵饰秦英、张继刚饰莫里龙和王亚莉饰莫里公主）

峡口村和榆中县城演出百余场次，还和峡口村、梁家湾村、万家庄以及县城其他地方的秦腔爱好者进行了交流会演，得到了群众的热烈欢迎，影响深远。

秦英（李晓灵饰）

　　朱家湾10余年的文艺演出，活跃了村庄气氛，促进了人们的和谐共处，而且催生了爱情的果实，剧团骨干郭庆明和杨玉红就是在演戏过程中相恋并喜结良缘的，这确实是不可多得的可喜成果。

　　从某种程度上讲，朱家湾秦剧团经过10余年的演出，已经将秦腔艺术深深地刻在了人们心中，也很好地弘扬了传统美德和精神价值追求。它给改革开放、脱贫致富中的人们提供了宝贵的精神财富，也为

《买水》剧照（杨玉红饰李彦贵）

附近村庄的社会主义精神文明建设起到了不可忽视的作用。

在经济不断富裕、精神世界却有所迷乱的八九十年代，朱家湾秦剧团的文艺演出，就像一眼沁人心脾的甘泉，滋润着人们渴求的心灵，逐渐铸造了一个榆中县城附近耀眼的艺术中心和精神高地，为群众所称道。

三 新世纪的秧歌

进入 21 世纪以后，由于电视的普及和现代文化的影响，年轻人逐步对秦腔产生了一些疏远感，朱家湾秦剧团由于种种原因也停止了演

秦腔的爱情果实（郭庆明、杨玉红和儿子郭鑫）

出。但是朱家湾的人们追求艺术、向往美好生活的激情并没有因此而减退，2008年到2009年，朱家湾又连续两年组织秧歌队，进行排练演出。

朱家湾秧歌队由李彦福、郭丰隆和张继红等负责，由丁兆莲、张彩红和杨曙花（连搭人）等进行艺术指导，成员有近50人。她们在冬天农闲季节，每天晚上冒着严寒进行排练，情绪高昂，就是下雪也不中断。这样既锻炼了身体，又促进了村上的业余文娱活动，真可谓一举两得。

秧歌队排练并演出了不少舞蹈，有扇子舞、快板舞；有藏舞，包括格桑拉、桑格拉、洗衣舞、《毛主席的光辉》和《逛新城》（郭丰隆和丁兆莲主演）；有现代眉户《尕老汉》（裴小艳、郭富芳、丁兆莲、杨玉红、郭丽红和姚玉琴主演）、《逛市场》（裴小艳和王应兰主演）。

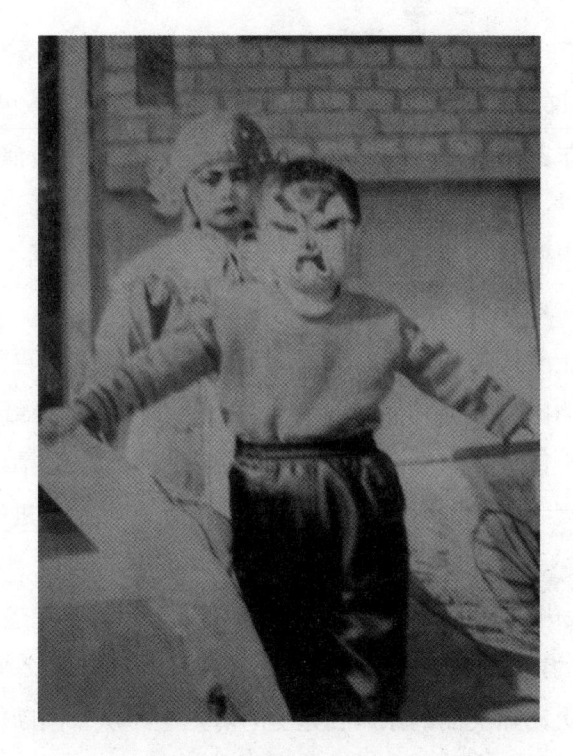

小包拯（郭辉饰包拯，郭鑫饰轿夫）

此外还有三十二步、二十八步、《阿拉伯之夜》等现代舞，名目繁多，丰富多彩。

这两年的春节，附近村庄的秧歌队每年都要在朱家湾会聚一堂，交流演出，欢度春节。朱家湾成了附近队社进行文艺会演的场所，这里锣鼓齐鸣，热闹非凡，给春节增添了浓烈的节日气氛。

2009年春节，朱家湾秧歌队参加了榆中县政府组织的春节秧歌比赛，并荣获三等奖，是城关镇唯一一个获得奖项的秧歌队，为村里和镇上争得了荣誉。

这次的秧歌队有一个显著的特点和变化，演员由以前的男性为主、女性为辅，变为女性为主、男性为辅，男性仅仅做一些组织工作和一些辅助性的工作，而演员的年龄也是有大有小。其中，最大的陶菊兰已经有62岁，郑明华61岁，"秧歌明星"丁兆莲也已经58岁了，其余大多以

30岁左右的年轻女性为主。演员性别的变化，年龄跨度的增大，充分显示了新时代、新农村崇尚男女平等，共同创造美好生活的喜人风貌。

此外，朱家湾秧歌队还到其他地方进行了不少交流演出活动，舞步远达三角城、富家大营、连搭等村。她们用优美的舞姿、欢快的歌声和蓬勃向上的精神面貌，表达了21世纪农民热爱生活、追求幸福的生活激情和美好愿望。

从六七十年代的现代戏，到八九十年代的传统戏，再到21世纪的秧歌，朱家湾的文娱活动因时而变，玩得真真切切，红红火火，热热闹闹。它充分体现了朱家湾人对艺术的热爱和对美好生活的执着追求，也浓缩地展现了新中国六十年来农村精神变革和社会演进的真实历程，意义深远。

"最是戏中日月长"，站在薄寒山上俯视朱家湾，追昔抚今，朱家湾文艺演出的鼓乐喧天，舞步流转意犹在耳。一方多么神秘的土地，孕育了这样灵动而美丽的家园！这里有着六十年从未间断的艺术追求，这里生活着火一样热情的朱家湾人！

于2009年7月29日

《中国影像方志·榆中县》有望下半年登陆央视一套
本报一篇报道引起央视编导关注并纳入拍摄计划

武永明　蒋　捷　刘继衡

兰州晨报2017年11月2日以《一个乡村60年的"文艺之风"》为题报道了榆中县朱家湾村颇具规模的文艺演出，引起社会各界广泛关注，并被央视《中国影像方志》编导从网上"挖"来，朱家湾随即被确定为《中国影像方志·榆中县》的拍摄采访地之一。日前，央视《中国影像方志》摄制组一行深入朱家湾村采访拍摄。

作为地方文化的影像记录，朱家湾的文艺演出历史——《中国影

李彦福饰演《二进宫》中的徐彦昭

像方志·榆中县》预计将于今年下半年在央视一套播出。

1. 本报报道引起央视关注

对电视观众来说,《中国影像方志》也许并不陌生。《中国影像方志》是中央电视台 2017 年开始摄制的一部大型史诗级纪录片,意在以地方志的解读展现中华文明,凸显中国表达和民族复兴的时代主题。迄今为止,《中国影像方志》足迹踏遍祖国 20 余个省(区、市),已经拍摄并播出 58 集,在社会上引起广泛的关注和赞誉。

那么,央视《中国影像方志》为什么会选择名不见经传的朱家湾作为拍摄采访对象?话还要从去年说起。

去年暑假,兰州大学新闻与传播学院副教授李晓灵带领学生参加该院组织的"重走西北角"行走甘南组社会实践活动。活动结束后,李晓灵又带领刘继衡、张玉鑫等几位兰大学子来到了他的家乡朱家湾村继续采访实践。朱家湾村有前后 60 年的文艺演出之路,历史悠久,但原来文艺演出的主要成员都已日渐衰老,难以为继,这段独特的历史也有被湮灭的危险。为了保存历史,继承庄风,李晓灵老师组织学生对朱家湾文艺的演出历史进行了系列口述式访谈,并在《兰州晨报》以特稿整版的形式刊发。

2. 文艺演出,朱家湾人的精神财富

央视《中国影像方志》摄制组的到来,让朱家湾甚至周围的村庄沸腾了，老老少少坐在戏院里的大松树下，围观央视的拍摄。

央视摄制组的拍摄刚结束，采访的视频和图片很快在微信朋友圈、微信群和QQ群中传开了。现在甘肃中医药大学执教的王亚娟说："作为朱家湾走出去的人，既骄傲又幸福！"李晓灵老师和现在兰州市公安局工作的郭亮在微信里说："60年的文艺演出是朱家湾的宝贵历史，它既是朱家湾人的集体记忆，也是朱家湾人的精神财富，更是中国社会发展的时代投影。"

朱家湾村的村民们说："这可是稀罕事啊，让外面的人知道朱家湾的这些事，好得很！"社长赵吉荣说："这是朱家湾的大事，大家齐心协力布置戏台，练秧歌，就是要让大家看到朱家湾的最好风貌！"

据了解，榆中县、城关镇和朱家湾村已经有了在朱家湾发展文化旅游、建设美丽乡村的远景规划，相信朱家湾的明天会更加美好。

（《兰州晨报》2018年6月27日）

作者：武永明（《兰州晨报》记者）

蒋捷（兰州大学新闻与传播学院2016级广播电视专业本科生）

刘继衡（兰州大学新闻与传播学院2016级广告专业本科生）

二　石棺：一个村庄的历史质证

朱家湾不仅是现实的存在，更是一种历史的存在，唐代石棺与宋金雕砖古墓即是明证，它们穿越时空，指向更加古老神秘的历史。个体的悲欢离合，王朝的兴衰更替，社会的激荡演进，于此可见一斑。

唐代石棺墓室残缺，草木遮掩，藏身在荒沟断壁中。它关联着封建社会鼎盛时期一个西域王国的历史传奇，隐藏着佛教文化西接东传的神秘传说。唐朝和高昌国，麴氏和慕容氏，麴氏和玄奘乃至佛教传播,无不以神秘的链条潜藏其中。与之相似的是宋金雕砖古墓,那保存完好的墓室、精美无比的雕砖都显示了宋金时期朱家湾一带非凡的历史文化。

石棺和古墓以历史的沉潜凸显了朱家湾在历史长河中的微言大义。在媒介的视角观之,石棺和古墓是一种特殊的媒介。在彼得斯看来,它们是作为一种记忆工具而存在的"中间之物",渗透着关于天、地和人之间的生命形态和人类境况。它们"如此这般深深地在相遇中锚系着、变动着我们的存有",从而使其"具有了生态的、伦理的和存有层的意义"①。朱家湾的石棺和古墓如此以特殊媒介的功能,钩沉着唐宋时期和当今社会的复杂联系,将记忆、言说和建构并置,显示了令人深思的意义逻辑。

该如何解读这庞杂的历史和沉默的日月?

黄淑君和刘继衡的《高昌国王故居今何在?——榆中朱家湾唐代石棺墓葬访记》是他们作为新一代学子的重新审视,其基础是《兰州日报》、中国甘肃网等媒体的挖掘和传播,亦有学术界的探讨和辩论。它们一同构成了朱家湾所折射的西北历史文化景观和意义内涵。

一具石棺,一座古墓,一个村庄,一部历史,由此展开。

高昌国王故居今何在?
——榆中朱家湾唐代石棺墓葬访记

朱家湾位于兰州市榆中县,地处兰州东南,属丝绸古道,风景秀丽。20世纪70年代,在朱家湾发现了唐代石棺墓葬遗址,它是甘肃迄今发现的唯一一处以山为陵的唐代贵族墓葬。唐代石棺的出土,为研究唐代政治、经济、文化提供了可靠的实物资料,同时引出了榆中籍国王一段鲜为人知的历史。

---

① 黄旦:《云卷云舒:乘槎浮海居天下》,[美]约翰·杜海姆·彼得斯:《奇云:媒介即存有》,邓建国译,复旦大学出版社2021年版,第6、8页。

◆◆ 重走与新知

　　通过考证，朱家湾村与高昌国渊源颇深，它是高昌国几代麹氏国王的故里。高昌是唐代古丝绸之路的重镇，是古西域地区政治、经济、文化的中心地之一，是连接中原中亚、欧洲的枢纽。

　　作为高昌国王故里，朱家湾被认定为榆中县唯一出过国王的地方。朱家湾及其唐代石棺墓葬因此对研究高昌国历史，以及榆中历史文化都有着重要的价值和意义，而这对我们也有着强烈的吸引力。初秋时分，我们一行人来到这个美丽、热情的村庄，实地了解和发掘曾经埋藏在这里的历史文化遗迹。

范家沟半山处（刘继衡　摄）

　　朱家湾后山有一山沟称范家沟，有一处半山窑洞，荒草杂生，无路可上，那里隐藏着唐代石棺的遗址。伴着一丝丝初秋的微风，我们来到这里。我们想从这里寻找那段辉煌的历史。

　　山是荒山，草是野草，需要我们探寻前行，踏出一条小道。我们捡起手指粗细的树枝作拐杖，左右拨动，搜寻上山的路径。爬过几处几乎垂直的山隘，我们终于来到一个沧桑又不起眼的山坡前。山坡很

第四辑 "甘南"续走:一个村庄的故事

墓室残垣(李晓灵 摄)

陡峭,灌木密布,杂草丛生,山坡和直立的峭壁交界处隐隐看到一些破损的拱形墙壁,那就是古墓的遗迹了。

我们艰难地拨开荆棘和树枝,攀缘而上,花了好大气力,才爬到了墓室残壁的洞口。洞口附近长满了树木和杂草,黄土色砖瓦一层层堆砌成拱形,散落在地的土块和瓦砾成了唯一的装点,这就是1972年村民发现的唐代券顶单室石棺墓所在处。

据榆中县博物馆资料记载,朱家湾唐代古墓墓葬南北朝向,内有石棺一具,四面分别刻有青龙、白虎、朱雀和玄武的浮雕。石棺内还有木棺一具,棺内有女性骨骸一具,棺外有《故交河郡夫人慕容氏墓志铭》一面。石棺墓及碑文的发现,弥补了兰州唐代地下文物的空白,在学术研究和地方史志研究上都有重要意义。

范家沟唐代石棺墓葬洞口（刘继衡　摄）

据残缺不全的墓志铭可知，这座石棺墓葬的主人是唐代高昌王麴文泰后裔麴崇裕的夫人，即交河郡夫人慕容仪。慕容氏属鲜卑族，原籍在河北省昌黎县，后来嫁给高昌国的皇亲国戚。据记载，某年的八月初一，墓主人因为火灾溺水死于金城。按照皇族丧葬规制和汉文代礼仪，用3个多月雕刻了石棺，将墓地选择在麴氏祖籍地榆中，于同年十一月二十七日安葬于榆中兴隆山下的朱家湾村。

高昌国在今天的新疆吐鲁番一带，因筑高昌垒用以屯田，而得名"高昌"。史料记载，北魏宣武帝二年（501），国人杀死国君马儒，推举榆中人麴（音"曲"）嘉为高昌王。高昌国融合内地与西域各民族宗教，风气浓厚，尤以佛教最为推崇。贞观二年（628），玄奘西行经过高昌国，国王麴文泰曾诚意挽留其为相国，临行时更赠金银、骏马、随从等。其后，麴文泰令佛寺塑像以玄奘为式，开传汉传佛教方脸大耳、慈眉善目之形态。透过该史料，仍可窥得昔日高昌国的些许景象。高昌国虽偏居一隅，国小势微，但一度繁荣富足，文化昌盛，高昌国及其国王更为佛教在我国的广泛传播起到了促进作用。

石棺材（图片来源于网络）

高昌国麴氏贵族经过10代国王，立国139年后，随着与中原关系的迅速恶化，贞观十四年（640），最后一位国王麴智盛受降归唐，宣告高昌国灭亡。他的弟弟麴智湛为右武卫中郎将、天山县公。公元690年，麴智湛的儿子麴崇裕被授为左武卫大将军、交河郡王，官阶为二品。麴智盛虽不复再有国王之位，但很受武则天宠信，仍然享受皇族待遇，他的夫人墓主人慕容仪也因此享受皇族待遇，被安置于金城郡（今兰州），同样享受贵族阶层的尊荣。

墓主交河郡夫人慕容仪本为南北燕时期称帝的慕容氏后代，系名门望族。她与高昌国皇亲国戚的结合，既是当时北方少数民族政权与汉族政权的和亲风俗，也是兰州榆中地区民族大融合和文化碰撞的结果。反观石棺，极尽赞誉的墓志铭、豪奢的石棺、高敞的墓室以及精美的陪葬品等，都显示了墓主慕容仪尊贵非凡的地位。对古人而言，百年之后，不论官爵高低、路途远近，都要认祖归宗，归葬故里。而交河郡夫人的石棺经过千里颠簸，建墓归葬于作为高昌国国王故居的朱家湾，便是落叶归根、魂归故里的有力佐证。

如今，石棺墓葬静默地躺在朱家湾的后山之中，无人问津。面对残垣断壁，谁能想到，这里会是高昌几代麴氏国王的故里？江河仍旧，繁华何在？高昌王王妃连同高昌国的辉煌岁月，淹没于荒山土沟，只留叹息相伴，冷清相依。面对尘土堆积的墓葬、残缺不全的文物，我们该如何拾起这里曾经的荣耀，让它不再遗落荒野？这是一个现实而又迫切的问题。

也许，对朱家湾唐代石棺墓葬来说，文物保护是首要的，圈定遗址、做好修缮、定期维护和清理等，这些工作既是对历史的尊重，也是我们对历史的负责。

同时，朱家湾唐代石棺墓葬也有重要的旅游经济价值。凭借得天独厚的历史文化条件，朱家湾可以大胆借鉴周边分豁岔村"美丽乡村"建设的做法，因地制宜，充分开发唐代石棺、宋金古墓等本土旅游文化资源，为当地经济发展提供巨大助力。

我们期待高昌国王故居能够在文物保护和经济开发的平衡中重放异彩。

相关链接

朱家湾作为一块风水宝地，是宋金时期吐蕃、西夏、金、汉、蒙民族大融合的地方之一。当地1990年发掘的宋金雕砖古墓就是历史的见证，它是兰州市迄今为止保存最为完善的宋金雕砖古墓，具有重要的历史文化价值。

宋金雕砖古墓和唐代石棺一起构成了朱家湾悠久历史文化的双璧，成为历史文化的特殊见证。

谈到古墓的发现，当地农民张自成很是健谈。他说，1990年开拖拉机从自家门外经过时，压开了地面一个小洞，顺着小洞挖掘发现了这个古墓。

资料显示，墓室由青砖砌成，条砖封墙，方砖铺地，顶部八角穹形，用青砖层层叠压而上，最顶端用一块八角砖封顶。追溯到12世纪的朱家湾，当时金人统治了榆中80年，和平无战事。大约就是那个时代，一对金人贵族葬于兴隆山下朱家湾。该金墓占地面积8平方米，

朱家湾宋金古墓顶部（图片来源于网络）

属单式砖雕墓，为夫妻合葬。墓室四壁砖雕仿木建筑，设有 8 幅行孝图，如孟宗哭竹、王祥卧冰、董永行孝等。

孟宗哭竹（图片来源于网络）

榆中县博物馆馆员钱斌认为"孟宗哭竹"雕刻得最为精美传神。他说："一株翠竹从左下弧形边长出，用刀简洁明快，线条细腻流畅，竹根旁数根竹笋的表现手法更为简洁粗犷。孟宗跪在竹前弃篮掩面而哭，一副无可奈何的神态。在神工鬼斧的刀工之下，雕刻得惟妙惟肖，呼之欲出。"墓内砖雕艺术性极高，保存完好，这对研究榆中乃至兰州地区宋金时期社会、经济和人文的历史发展具有极其重要的参考价值。

宋金时期贵族砖雕墓的发掘，呈现出朱家湾村源远流长的历史文化，它也将成为朱家湾独特厚重的旅游资源。

（中国甘肃网，2017年10月11日）

作者：黄淑君（兰州大学新闻与传播学院2016级学术型硕士）

刘继衡（兰州大学新闻与传播学院2016级广告专业本科生）

特附碑文以裨参考①

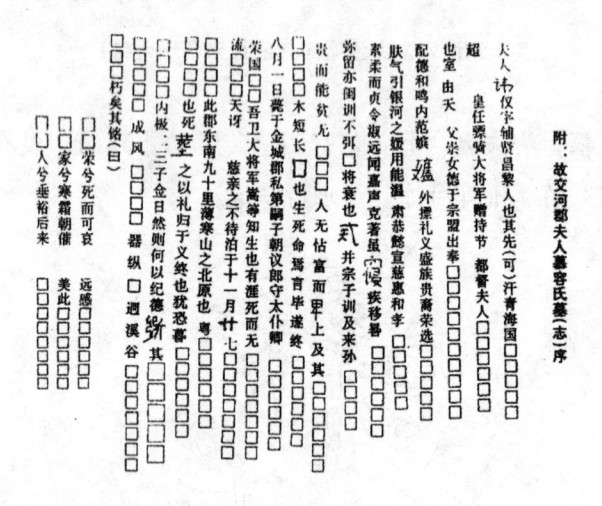

附：故交河郡夫人慕容氏墓志序

楷书　碑高0.56米，宽0.61米，厚5.5厘米

每字长约2厘米，宽约1.5厘米

右侧"青海国"及"夫人……"均被当磨石字全磨去。

---

① 李维贵：《交河郡夫人慕容氏墓志序碑文——兼与孙永乐先生商榷》，《中国边疆史地研究》1995年第1期。

第五辑 甘南的诗意体验

甘南，是跨越高山的歌，它用透明的歌声诉说着关于藏族的历史。

甘南，是温润剔透的碧玉，它用唯美的景色映现着关于西部的故事。

甘南，是遗落尘世的伊甸园，它用空灵的境界勾画着关于中国的化外世界。

我们走过甘南，抚摸这里的山山水水，记录藏区的沧海桑田，想象不曾停留的今昔岁月。

在行走甘南的日子里，我们不仅记录了关于藏区的故事，也写下了关于甘南的诗。那些云彩，那些草原，那些歌，那些人，那些寺，我们一一采撷。

甘南，遗落的伊甸园。我们一无所有，但以此作为礼赞。

甘南的诗意体验，是我们重走西北角、行走甘南的结晶。其中，有我的《甘南的祈祷》，还有学生李芙蓉的《献给远方的诗》。

在甘南的每一天，我记念着这片土地，以及这片土地上的人，记念着诗和远方。唯有如此，我们的行走才是踏实而轻灵的。

土地永恒，历史永恒，诗和远方永恒！

甘南的祈祷
李晓灵

【合作七月的云】
坐在合作广场的台阶上
像一朵等待的莲花

云彩飘荡
鹰展开了硕大的翅膀

广场上没有锅庄舞
"小苹果"跳得山响
人们骑上他们的自行车
潮水般勇闯天路

楼群那边山坡上
金光闪闪的寺院
经幡飘扬
佛睡了
但满山的油菜花却疯狂生长

七月炙热的欲望
呼喊着流浪的灵魂
一月又一月

失去春天
冬还遥远
我只能用七月罂粟般的剧毒
屠杀那些翻腾的火焰

七月
不说爱情
不说生命
不说死亡
　　　　——于合作广场
　　　　　2017.7.23

【合作之夜】
七月
合作的午夜
此起彼伏的鼾声
遮盖了远处静默的草原
以及寺院风铃寂寞的声响

午后
我坐在九层佛阁的对面
一把小凳
一碗发酵灵魂的酸奶
风从远处吹来
由海奔向天堂
太阳炙热如火
照我在世界的端口

正在修建的寺院屋顶
脸色黝黑的师傅
叮叮当当地敲打着翘起的屋檐
笑着向我招手

他的手建造着神佛的殿
向我献上尘土般的笑

合作
没有了白天
所有的灵魂都睡觉
所有的云彩都沉默

世界却失眠
——于合作青旅
2017.7.23 夜

【别了，合作】
昨夜
合作满城微雨
风越过草原
越过寺院
越过所有的梦境

合作带着露珠醒来
精心梳妆美丽的脸庞

梳洗每一棵草，每一棵树
那是合作细密的睫毛
云散开
天国的阳光泄下
合作镶上了金色边框

合作
在你的柔波里云雨不定
我们离去
请不要掩面哭泣

因为
合作没有分别
有的只是

千里万里的
梦萦魂牵
　　　——于合作到夏河的大巴上
　　　2017.7.24

【夏河之夜】
夏河降下邂逅的雨
漫天遍野
街灯揉着潮湿的街道
像揉着没有来由的哀伤

每一个街道
都写满了夏河的故事
然而
我没有
我只是一节没有归属的散章

踟蹰又踟蹰
街道没有平仄
波光闪烁
夏河一夜相思
　　　——于夏河玖盛国际饭店
　　　2017.7.25

【夏河的街道】
夏河的街道是直的
夜是暧昧的

路上落满了羞涩的雨点
喝醉了的人踉跄着
吆三喝四

夏河在夜色中踟蹰
黑暗中
那一张湿漉漉的脸

猫
弓着腰梦一般走过
眼睛发出蓝色的光

走过
祈祷太阳不要升起
让夏河永远安睡
直到魂灵出窍
　　　　——于夏河街道
　　　　　2017.7.26 午夜

【洮砚】
洮河
最柔软的水
掠过
藏区最坚硬的石头
千年一日
一日千年

呼唤，眼泪，

还是歌唱？

【绝口不提一个痛字】
来吧，拿起你卓尼的刀
不要犹豫
不要哭泣

一刀又一刀
或者
干脆拿了我的命去

如果
歌声可以永恒
喉咙算得了什么？

如果
岁月可以不朽
生命算得了什么？

为了甘南
我宁愿献出我的胸膛
任洮河千年流过
绝口不提一个痛字

【卓尼的爱情】
一刀，又一刀
每一刀

都是忠贞的绝句

待到河水汤汤
至柔至刚
至刚至柔
花一样绽放的
是卓尼千年不死的爱情

【雕刻】
这些洮砚来自洮河两岸
这些洮砚来自心里

这些巧夺天工的纹理
这些丝缕毕现的雕刻

它是大自然的杰作
它是雕刻者灵魂深处的歌

嫦娥奔月
巨龙戏珠
龙凤呈祥
月印疏梅
每一台
都是凝固的天唱

凝重幽深的光芒
或黄或红的暗线
温润如玉的心

世界此刻凝固

跨越千古的洮砚
以洮河为墨
以卓尼为纸
究竟会写出怎样的歌
究竟会感动怎样的岁月
　　　——访卓尼洮砚大师张建才有感
　　　2017.7.29

【三格毛的忧郁】
带上华彩的帽子
头发轻轻拢在后面
一缕是长江
一缕是黄河
中间
是洮河

我是卓尼三格毛

天上有云
地上有水
腰间有飘飞的云彩
为什么
我没有可以飞翔的翅膀
站在洮河
我的眼神穿越千古的浮尘
我叹息

一半是惆怅
一半是哀怨
中间
是伤悲的挽歌
　　　　——于卓尼至迭部的大巴上
　　　　　　2017.7.29

【扎尕那】

扎尕那
我在你的腿上端坐

像一朵盛开的莲花
占有你的春夏秋冬

【甘南的武汉人】

离开甘南,回到武汉
一个爱笑的壮汉
顶着对妻子的思念
在甘南
把自己晒成
一块黝黑的拉卜楞石头

可是
甘南小令一样的云
平平仄仄的草原
以及丝丝押韵
迎风歌唱的经幡
如何生长在

疯狂而粗暴的武汉?

【甘南不说再见】
昨夜一场细雨
扎尕那的山歪歪斜斜

枕着迭部的肩
甘南的腰丰腴而柔软
我的手战战兢兢

甘南的呼吸
风一样缥缈
没有遮拦的阳光
灼伤了我脆弱的心

我的眼神疯狂
我的肌肤黝黑

为了你
我把自己走成了这般模样

【甘南不说再见】
甘南
我带不走你的爱情
在甘南
我是绝望的小令

在甘南

绝口不提离别
不说再见
永远没有再见

【甘南情殇】
真的
我没有什么可以给你
诺言
甚至是呼吸

我是个赤贫的乞丐
我走过你的沟沟坎坎
越过草原的每一个牧场
转遍寺院背后的每一个巷道

我真的没有什么
我可以羞愧吗
我要站在你的蓝天下自卑吗

如果可以
请囚禁我奔跑的灵魂
我要安居

在你的怀里一夜成梦
情诗不必
歌唱不必

——2017.8.2

【甘南·新闻】

在甘南
我日夜追逐着新闻

然而
甘南低垂眼睑
鹰掠过拉卜楞的金顶
风吹起喇嘛暗红的僧袍
草原静默成殇

甘南没有新闻

在甘南
寻找新闻是可耻的

【夜帆】

我站在黑夜的岸上
等待那片曾经的云帆

夜风吹过
河面上泛起古铜色的光芒
无数的鱼儿
奔腾在寂静的水下
夜莺歌唱着
河那面
一只白鹤箭一般掠过

我怀着一片悲伤的等待

等待没有归期的夜帆
夜帆是一个孤独的游子
永远找不到回家的潮流

那么
为什么还要等待
难道要等待流水回头
笛管里吹出永新的生命？
　　　　　——2017.8.1

【高昌王妃】
残砖断壁
闪烁着青铜般的光芒
怅然屹立的山垣
残留着岁月的泪痕

高昌王妃
你如花的容颜
风一般逝去
你婀娜的舞姿
变成了书卷中的叹息

你的歌唱穿越了茫茫千古
足迹成了锈迹斑斑的铁锁
美丽的青春
转眼化成凝固的悲歌

【断章】

高昌

淹没西部迷茫的黄沙

王妃

变成了昨日的断章

多么美丽的诗句

最终都会枯萎

悼亡

只是传说

所有的故事

都会遗忘

那么

就让我扶着你的残章

痛哭一场

　　　　——2017.8.21

【约瑟夫·洛克】

柔和

如密西西比河平原

犀利

如鹰

如电光

箭一般穿越茫茫太平洋

在中国西部

约瑟夫·洛克

是孤独的使者

一往无前的探险者

圣徒一样

虔诚的播种者

杨积庆宽大的手掌

《大藏经》神秘莫测的光辉

洛克牡丹的热烈娇艳

扎尕那的神秘绮丽

都是他灵魂的摇篮曲

他孩子般地惊叹

从来没有

如此神秘美丽的土地

甘南

遗落天堂的

伊甸园

献给远方的诗

李芙蓉①

【羚羊像】

划过羚羊的角弯

太阳，拖拽着远东的深海一路向西

浸漫而来

合作市的夜空被包裹在

海洋之心里刻有圣洁的高原羚羊像

---

① 李芙蓉，系兰州大学新闻与传播学院 2016 级新闻与传播专业研究生，是 2017 年"重走西北角"甘南组的成员。《献给远方的诗》是她行走甘南的过程中写下的诗，也是甘南组的行走成果之一，并以此作为《甘南组诗》的片段。

沉重的空气压着羚羊跳跃
从紧闭的宅院里
奔袭,至一碧千里的草原巡视故土的枷锁
禁锢自由
却联系起了无数
眺望远方的目光和头颅高昂

【朝拜者】
第一次见到时她打动了我
她噬灼了我的眼睛
她撞击、闯入,然后触及我的灵魂
在她一次又一次繁复而虔诚的礼拜之后我重新审视我的生活,以及
我未曾质疑过的内心
在她的照耀下
在她的魅力下
我看到了无数朝拜者
同样深埋心中的
拯救自己的力量
从无数种可能成为的样子拯救
自己也更加理解了北岛的那句,一切
一切信仰都带着呻吟

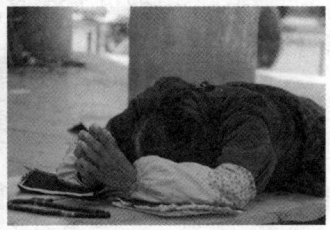

朝拜者(李芙蓉 摄)

【我的夏河，我的桑科草原】

一
太阳从草场的土地里生长出来摇曳成一朵
盛开在天上的格桑花

二
远山白色帐房旁升起的一缕炊烟正守护着一个藏族妇女
伛偻的梦

三
他拿着长鞭
放牧乌云和羊群
在初晨露水和迟暮星斗的陪伴下，成为父亲

四
酥油融化在沸腾的水里
年幼的娃娃正学着阿妈，将青稞面抟成糌粑还有一些牦牛奶挂润
在粉红的唇上

五
在桑科草原的深处驾车，疾驰而过
我将心事写进天边的格桑梅朵，并请求它
诉诸遥远的克莱德河

六
多想将车子的马力开到最大，以更快的速度追赶它　驰骋在天上
的我的白马啊
为何你也正在追赶着我

七
终于远离了复杂的建筑几何
终于远离了热锅上蚂蚁般的焦灼和难以自拔终于挣脱了生活的网，获得自由

八
花都开了
开的到处都是
我如愿成了花中最美的姑娘

九
披了白纱的月姑娘独行在原野上许是迷了路
许是对辽远的桑科动了情

【卓尼晚霞】
情窦初开吧
下山的小伙子偷偷地吻了云姑娘将爱情写满世人双眼
与爱人挽手走在天街上
温暖拂面
今夜该没有冷月寒星
仿佛所有人都生长在天堂

我在窗口望向月亮的家
像是画了一幅鎏金的积雪图
像是摇滚起了海上奔涌不息的浪花

【怀古洮州卫城】
西羌的横风骤雨

卓尼晚霞（李芙蓉　摄）

　　从洮河倾打到白龙江北魏太和的一抔黄土
　　为上古的鲜卑族人立起了池城家邦东国的公主啊，凤冠霞帔
　　过洮州，遇柏海，远至雪域和亲蕃王南城门上的迎熏二字，见证了
　　明将李达势守秦陇、统兵卫疆

　　蘸上一笔洮河砚里魆黑的墨写出一卷洮州郡府的军帅才切莫道，
边关冷月人无情
　　烽火赤壁，驭马戎装
　　结网渔游的江淮民
　　征西走荒漠，剑戟钺刀枪思乡切切的江淮民
　　念森木莽莽，怀水韵汤汤
　　站上这古城的墙
　　视如透析了硝烟弥漫的过往
　　静伫
　　环望这座蕴有苏皖遗韵的边城只端端站着
　　听听那冷雨，深嗅麦香追忆它，惯看秋月春风
　　怀古它，魂定西北，戍关守乡

遗韵一角（李芙蓉 摄）

【赵明轩故居·灯笼】

灯笼
继承了太阳的衣钵，红着悬在古木高梁上
掩映岁月的凋敝和枯索

点亮

灯笼（李芙蓉 摄）

它便以火种的名义燎原似的
带领后人寻得源远流长的古老中国

合上
像极了一把风箱紧闭的手风琴
正蓄势待发地
颤抖出一支历经沧桑而孤独的歌

【扎尕那】
扎尕那打实是天上的
这山、这水、这石以及这些生灵
全部属于扎尕那
是我，突然造访

我愧疚我的唐突
它却包容了我粗重的脚步，还允许我
用眼外之眼，贪婪地
留它的原始成为永恒

它与我走过的所有山都不同
这更让我相信它是天上客
只暗自庆幸自己是路过，虔诚地祈祷
它的安静，未被惊扰

离开，我将永不踏入这方静谧土地
我深信，它不是凡物
并恳请这伟大的造物主，以神的旨意
放生，这天上的扎尕那

让它横亘在时间的长河里
孤傲且狂热地劈天立地
让它只属于天上
给它自由,给它自由

【我是尕娘娘】
我的旧忆与今昔
无论花巾、绣裙或压鬓的银
都来源于我的祖先和我久远的过去

我曾是苏皖水乡的一块玉
深灰色的磐石和青苔包裹着我的凝脂柔荑
听惯了太阳追着流水
一同摇橹的声音
也看惯了粉墙、黛瓦和马头墙壁
我仅有的愿望便是,与我的丈夫
白头偕老,琴瑟和鸣

我的丈夫,我心爱的人啊
我的眸中还存有你少年白衣曲水流觞的影子
可你怎么突然就要
背井离乡,征戎四方
你达达的马蹄踏了我柔软的心
这次第,
我愿与你一同前往
做你永远的妻

我是随军而来的异乡民

洮州，暴力地厮杀出了
一片狂野的土地
黄沙天、黄土地，
我与乳儿
熟悉了青草卷带清晨露水的味道，以及甘洌的山泉和羊奶的浓香
终于，不再流离

孟攀峰[①]摄

遥远的母音唤我记起，
我是尕娘娘
苏皖水乡那个
清秀碧玉的尕娘娘
啊，我是尕娘娘
我追随我的先祖由南向北，由东向西
我是尕娘娘
尕娘娘也应该活在

---

① 孟攀峰：中共中央西北局洮州会议纪念馆副馆长。

黄泥铸写的历史里

而今
远在西北的我
仍旧会想起,我的祖先和我久远的过去,我佩戴起
我的花巾、秀裙
和压鬓的银饰
将我的旧忆与今昔
念念于心

后　记

　　书成时,已是封居家中近一月。

　　时间暗淡,夜寂寥,也听不见黄河的水波声,日子一天天过去。每天,从卧室到客厅,从客厅到厨房,风从厨房的窗口挤进来,又从客厅的窗口溜出去。禁不住想起了伏契克的描写,"从门到窗子是7步,从窗子到门是7步,走过来是7步,走过去也是7步"。小时候,不懂其中缘由,常常奇怪伏契克的唠叨和无趣,现在好像懂了一点。

　　每天早上,书房窗外总会想起防疫喇叭的声音,有时低沉,有时急促,一遍又一遍。对面山上庙宇的钟声和诵经声,再也没有响起过,鸟儿的叫声反倒听得真切,柔和得像锦缎滑过肌肤。

　　记不得哪位名人说过,他曾在石浦的石梯上看渔火点点,念叨一句侯孝贤的台词:每个人都是一座岛屿,每个人被流水一样的时间封锁了起来。封居的人,每个人都是一座孤岛,被封在时间的塔楼中。

　　最常做的事,就是去24楼的厅堂。站在窗前,俯瞰安宁,街道寂寂,空无一人。远处高楼林立,山沉默,树无声,保安堡的房子高高低低,歪歪斜斜,中间是一个很大的停车场,停放着的车一排排,一行行,好像甲壳虫一样。有时候,会看到做核酸的人们排着长长的队,长得看不见头,狗在叫,孩子们在吵闹,大人们却安安静静,没有声音地一点点往前挪。

　　站得越高,看得就越真切。看到的世界越大,人就越渺小。

　　想想真是感慨,自从7月7日晚上烧烤且酣饮之后,封居就没有预兆地开始了,日子超常的平静,平静得听不见一丝声响。按理说这是看书的好时机,谁知却什么书都看不进去,微信和抖音占据了我大半时间,慵懒之后还是慵懒。"及其所之既倦,情随事迁,感慨系之矣",王羲之在兰亭由喜而悲地感叹,原来竟是那么深刻。

这是一段沉默的日子,我成了沉默的日子里沉默的人。

巴金在《怀念从文》中说,沈从文走得没有牵挂,没有遗憾,从容地消失在鲜花和绿树丛中,再也不必"在一堆沉默的日子讨生活",因此,巴金没有一滴眼泪,悲痛却在心里。

而我现今似乎真的是在"一堆沉默的日子讨生活",一切都没有变,一切都又变了。

刚开始是不能出楼门的,一天又一天,绞尽脑汁地在网上买菜。后来可以出楼门了,隔着东门和西门的栏杆买菜,做核酸,询问出门的政策,盘算着一周两张的出门证究竟够不够用,掰着指头算能够自由进出的日子。有时候,望着窗外老半天,不知道该干什么,树枝上的麻雀却跳来跳去,叫得欢。各种各样的传闻和消息,在微信和抖音里不断地流传,日子更加寂寞。

有时候,望着星光点点的夜空,和夜空下的万家灯火,禁不住想,多少年后,我们该如何向后世人讲述这些日子?后世人又会如何谈论我们?是一地鸡毛,还是传说中的神话?

我不知道,只是做了很多梦,越闲淡,越梦多。

普法战争时期的法国历史学家勒南(Ernest Renan)在名为《何谓民族》的演说中说,"共同的苦难比起欢愉更能团结人民,对民族记忆来说,悲愤比胜利更有价值"。

但愿如此。

百无聊赖之际,拾起了"重走西北角"甘南行的书稿。书稿成了封居期间的寄托,借此排遣烦闷。

记得那是2015年6月末的一天,我路过院办的一间办公室门口,还没有明白怎么回事,就被时任学院副院长的师兄陈新民教授一把拉了进去。就这样,我加入了由张民华院长发起的重走西北角活动,开始了带队行走甘南的活动。蓦然回首,2015年开始三走甘南,到如今已是8年。这8年,断断续续完成了甘南的记录和书写,《人在甘南》(2015)、《行走甘南》(2017)和《再回甘南》(2018),加之《"甘南"续走:一个村庄的故事》和《甘南的诗意体验》,不经意间已经10余万字。最初的书稿是我和学生行走的结晶,是有所触动,随心而成。那时在想,老师一直要求学生要写,为什么老师不写?甘南不仅仅是行走的天堂,也是学术田野的圣所,书写既可以记录行走的点点滴滴,又可以寻找新闻,思考学术,也可以留下属于甘南的个人记忆,一举数得,何乐而不为?于是,边走边写,走完后又续写修改,渐至成形。

然而,忐忑也是显而易见的。我们行走的缘起是新闻,是数十年前范长江的西北行和《中国的西北角》。重走西北,是要延续一种沉潜在历史夹缝中、至坚至贵的新闻职业理想。重续历史,认识中国,理解中国,也许是其中三昧。然而,书写却外溢到了更加广阔的领域,民族、文化、宗教、经济等事关宏志的议题,事无巨细,都呈现于田野之中。同时,个人和时代纠缠在一起,使得我们有了更多的思考。如今,反躬自省,这些思考有多少兼顾了历史、现实和未来?有多少触及了现实的关键点?有多少是深入的、理性的,甚或是反思和建设相糅杂的?进而言之,行走和书写从何种维度使教学迈向田野,让行走追问学术,最终呈现以西北观中国的意涵?

这些我们都无法回答,也不敢自问,惴惴不安之余,只有交由他人去评判了。

但是,甘南确是无法抹去的,甘南的云彩,甘南的草原,甘南的人,都令人难以忘记。虽然已经过去了好几年,但我还清楚地记得和20多个学生同住一室的云松青旅,记得离开桑科村时宝石一样湛蓝的夜空和明净的月亮,记得旦正吉黝黑的脸蛋、巴桑大叔沧桑的笑脸和张建才美轮美奂的洮砚,以及三格毛少女的忧郁。而拉卜楞寺门口那个早晨磕长头的男孩子，还有桑科牧场帐篷里的床上升腾起来的冰凉，也让我记忆犹新。当然，我也清楚地记得老家大队书记看我时狐疑的眼神。

走完甘南后，曾去过上海。在外滩，黄浦江对面高耸入云的摩天大楼和流光溢彩的夜景，竟然让我有了一丝痛感，因为我想到了甘南和甘南的人。外滩的现代化奇观和甘南的藏地景象如此的不同，有时宛如天壤。被戏称"魔都"的上海和誉为世外桃源的甘南，相隔千山万水，互为映衬，却又各自独立。它们同处中国，竟如两个世界。我该如何理解？如何评判？

然而，这就是中国，中国的西北，我们脚步所到之处，温热和刺痛并存。我们的课堂由此拓展，我们的研究由此走向田野，走向社会，和时代发展、家国运命密切联系。田野成为号角，成为殿堂，每一个细节都值得我们细细咀嚼。

说说书稿吧，书稿以前虽有过一些润色，现在回过头再看，却似曾相识，而行文也有很多瑕疵，少不得再从头到尾，细细校对，加之师友和学生的帮助，才得以最终定稿。

首先要感谢甘南，感谢甘南的人，这是我力量的源泉，让我能够克服懒惰和忐忑一直写下来。这本书也是献礼，借以表达对甘南的深深敬意。同时，也要向家乡献上赤诚，我生于斯，长于斯，它的每一个褶皱、每一个人都和我紧紧连在一起，就像甘南一样成为我生命中深刻的存在。此外，也要感谢和我一起行走甘南的张维民副教授和葛俊芳副教授，以及甘南组的队员们，是他们和我一起完成了重走和考察，他们的严谨、坚毅和热情是我行走甘南的力量和支撑。

感谢中国社会科学出版社文学艺术与新闻传播出版中心主任郭晓鸿博士，本书已经是她为我编辑出版的第四本书了，书稿的校审、编辑和出版都有赖于她的辛苦付出，她的知性达观、审慎严谨令人敬佩。在此，谨向郭晓鸿博士和她的团队表示衷心感谢。同时，本书系兰州大学"双一流"建设资金人文社论类图书出版经费资助和"兰大新闻学术文库"成果，特向为本书提供经费支持和其他帮助的学校社科处和学院领导及同人表示感谢，无以为报，只有努力前行而已。

同时，要感谢老同学兰州石化职业技术大学副教授顾克蕊女士，是她在百忙之中，忍着失父之痛，两次校对书稿，剔除了不少硬伤和瑕疵。同窗之谊，以此可知。感谢师弟战略支援部队信息工程大学洛阳校区张高杰教授不辞辛苦，为我审校书稿，并且直言不讳地提出了许多关于表达和细节方面的建议。感谢我的夫人王晓梅女士，是她陪我行走甘南，陪我撰写书稿。没有她的支持，就不可能有这本书的完成。

另外，我的硕士研究生张兵杰、刘瑶、王慧冉、张艳文、孙博博、马丽霞、梁凤至、陈小凤、曾梦颖、雷宝宝、陈盼和温彩霞以及贵阳学院中国哲学专业2021级硕士研究生李玉奇等在疫情期间为我审校书稿，感谢他们的辛苦劳动。

由于行走时间有限，田野深度不一，加之学养浅薄，对甘南的认知还不够深刻和全面，本书的书写和思考一定有不少瑕疵和纰漏，敬请同人批评指正。

时值八月，夏已去，秋已至，热未消，忽而念及母亲故去已近10年。"十年生死两茫茫"，我也已不再是前度刘郎。每每夜深独坐，回想以前，再想想以后，竟然有前不见古人，后不见来者的感觉，不知该说什么。一个时代结束了，一个时代来到了，一幕剧结束了，一幕剧便会拉开帷幕，另一段人生必将负重而行，这本书就算作一个小小的站台吧。

"当跑的路我已经跑尽了"，这是甘南的结语。

以此为记。

2020年8月25日